# 海顿传

［英］大卫·维克斯 著

王晓东 译

CNS | 湖南文艺出版社

**图书在版编目(CIP)数据**

海顿传 / [英]大卫·维克斯(David Vickers)著；
王晓东译. —长沙：湖南文艺出版社，2016.8（2021.1重印）
(欧洲音乐家传记系列)
书名原文: Haydn: His Life and Music
ISBN 978-7-5404-7705-9

Ⅰ. ①海… Ⅱ. ①大… ②王… Ⅲ. ①海顿，F.J.(1732—1809)
—传记 Ⅳ. ①K835.215.76

中国版本图书馆 CIP 数据核字(2016)第 189173 号

著作权合同登记号:图字 18-2013-246


HAIDUN ZHUAN

# 海顿传

作　　者:[英] 大卫·维克斯
译　　者:王晓东
责任编辑:唐　敏　刘诗哲
版权经理:唐　敏　刘诗哲
装帧设计:李　杰
出版发行:湖南文艺出版社
　　　　(长沙市雨花区东二环一段 508 号　邮编:410014)
网　　址:www.hnwy.net
印　　刷:湖南雅嘉彩色印刷有限公司
经　　销:新华书店
开　　本:710mm × 970mm　1/16
字　　数:126 千字
印　　张:13.25
版　　次:2016 年 8 月第 1 版
印　　次:2021 年 1 月第 4 次印刷
书　　号:ISBN 978-7-5404-7705-9
定　　价:40.00 元

## 专题网页

www.naxos.com/naxosbooks/haydnlifeandmusic

访问“海顿传”专题网页，您将免费：

·欣赏更多海顿作品

·了解海顿同时代作曲家作品

·查阅海顿生平大事年表，平行对照当时艺术、文化和政治上重大事件

登录信息：

ISBN：9781843792314

密码：Farewell

# 作者致谢

在此谨向凯斯·贝内特、罗伯特·布莱克本、朱利安·鲁什顿、唐纳德·伯罗斯、特伦斯·贝斯特,还有已故的斯坦利·萨迪表达我的感激,是他们激励我去表演、审视并反思18世纪音乐的方方面面。我要感谢拿索斯公司的吉纳维芙·赫斯比将如此美妙的项目委托给我。而我对海顿音乐的热爱则直接来自于一个人的影响:他就是斯蒂芬·菲尔利。他在巴斯高等教育学院(现巴斯泉大学)音乐系的表演艺术教研室仅仅担任了一学年的主任(1994—1995学年)。那个学期我们合唱团为在巴斯市政大礼堂表演清唱剧而作准备,我出任男高音。是他给初出茅庐的我莫大信心,并鼓励我学习海顿清唱剧《创世纪》中的咏叹调《带着尊严》。最后一次合唱彩排,斯蒂芬担任合唱指挥,在来的路上他不幸遭遇车祸,离我们而去。我们的演出也推迟到第二个学年开学的时候,其情景让人唏嘘不已。谨以此书献给斯蒂芬,深深感谢他在音乐方面对我短暂却非凡的影响。最后我还想将这本书献给我的妻子亚历克斯,她的鼓励、支持和关爱让我每一本书的创作变得轻松和精彩。

# 前　言

要写一部海顿的传记，是不可能避开 H·C·罗宾斯·兰登的辉煌巨著的。他的五卷本《海顿：编年史与作品》（20 世纪 70 年代由英国泰晤士与哈德逊出版社出版）提供了丰富的让人着迷的素材，以及大量对海顿生平和音乐睿智的点评。有关海顿的文献信息确实丰富，但也并非十全十美：1761 年海顿在艾什泰哈齐宫廷得到任命，而在此之前的文献所存无几，唯有他本人于 1776 年所作书信体的简短自传，以及在他逝世后不久，几个朋友所作的传记，但篇幅都不长。而艾什泰哈齐宫廷档案从 1761 年到 1779 年的相关文档大多在 1779 年艾什泰宫的一场大火中被毁。本书中诸多轶事与引文来自格奥尔格·奥古斯特·格里辛格，因为他所作的传记乃是与海顿面对面访谈后的产物，于 1810 年在莱比锡出版。

本书章节划分的依据是海顿生平及音乐生涯的几个重要阶段，而其中一些章不可避免地要比其他章长出许多。比如详细描述令海顿硕果累累、功成名就的伦敦之行的一章，或记录他创作《创世纪》和《四季》那些岁月的一章，都要比涵盖他早年生活经历的几章长出不少。此外，在正文之后，本书总结了海顿在主要音乐类型方面的成就，包括交响曲、协奏曲、键盘乐、弦乐四重奏、歌剧、教堂音乐和清唱剧。本书使用霍博肯[①]作品编号来标识海顿的作品，但有两处例外：一是他的歌剧和清唱剧（因为作品名本身足以被辨识）；二是交响曲（因为其通用编号即源于霍博肯体系）。书中清唱剧的德语曲目用相应的英文代替，但德国和意大利音乐剧的原语标题和海顿弥撒曲的德文名则保持不变。

① 安东尼·范·霍博肯，荷兰音乐学家，将海顿作品按体裁分为32类进行编订，以Hob.标记。——译注

# 目　录

# 第一章 童年和青年时代

（1732—1749）

# Chapter 1：Childhood and Youth

（1732—1749）

# Childhood and Youth, 1732—1749
# 童年和青年时代，1732—1749

1683 年 9 月土耳其人撤军，对维也纳的围攻以失败告终，奥地利的政治版图随之发生巨变。在哈布斯堡王朝皇帝查尔斯六世的治下，奥地利的统治扩张到匈牙利大部分领土。领土扩张的同时，天主教反宗教改革运动也得到巩固深化。在文化领域的表现之一就是意大利风格的建筑、艺术和音乐在奥匈帝国遍地开花，上至哈布斯堡宫廷（大多皇室成员都是才华横溢的音乐家），下到贵族的乡间庄园。而对于普通劳动人民而言，生活则朴实平凡许多，尤其在那些曾被土耳其人洗劫过的贫困乡村。1683 年 7 月 12 日，土耳其军队从布拉迪斯拉发渡过多瑙河血洗河畔小镇海因堡。海顿的祖父，造车匠托马斯（约 1657—1701）则是逃出土耳其人魔掌的少数几个幸运儿之一。他的第六子，马提亚斯（1699—1763）子承父业，也是个车匠，并把家安在附近的村庄罗劳。

罗劳镇坐落在莱塔河（奥地利和匈牙利的界河）西岸，往西 25 公里就是维也纳，向北 11 公里即到多瑙河。卡尔·安东·哈拉赫伯爵拥有这一片广袤的乡村，而罗劳

海顿的出生地：在罗劳的故居

镇则是他统治的中心，直到今天他的城堡仍然是当地的标志性景观。罗劳周边克罗地亚人、匈牙利人和斯洛伐克人混居，主要语言为德语。马提亚斯·海顿曾做过地方秩序官，在当地颇有威望。1728 年他娶了曾在哈拉赫伯爵家帮厨的安娜·玛丽亚·考勒（1707—1754）为妻。婚后两人定居于罗劳，在并不大的住宅里，夫妇俩共生了 12 个孩子，其中有 5 个死于襁褓之中。

他们的长子出生于 1732 年 3 月 31 日，次日在教区小教堂受洗。罗劳受天主教影响颇深，按照当地的风俗，这个男婴被用相近的两个宗教节日所纪念的圣徒命名：弗朗茨（保拉的圣方济各；4 月 2 日）和约瑟夫（圣母玛利亚的丈夫；3 月 19 日）。然而，“弗朗茨”一名平日绝少被使用。约瑟夫·海顿，一般被唤作“赛普尔”，很小就接触到了音乐活动。他的母亲喜欢唱歌，而父亲则是一个天

米夏埃尔·海顿

生的男高音。老海顿尽管不识谱，但很喜欢弹那把可能是他在法兰克福打工时得来的竖琴。

家庭的音乐熏陶，加上罗劳镇组织的业余音乐会活动，给海顿家后来成为音乐家的三个孩子带来不可磨灭的影响：约瑟夫的弟弟米夏埃尔（教名约翰·米夏埃尔，1737 年 9 月 14 日施洗）也成为一名受人尊敬的作曲家，并和莫扎特在萨尔茨堡宫廷乐队共事过；小弟弟约翰·福音传播者（1743—1805）在若干个唱诗班当过职业男高音。

5 岁或者 6 岁之前，约瑟夫就已经展示了他歌唱的天赋。当地传说，那时的海顿曾拿一根细棍子在上臂划来划去，模仿拉小提琴的样子。这也引起了在海因堡的远亲约翰·马提亚斯·法朗克的注意。法朗克不仅是学校的校长，还担任当地教堂合唱团负责人。法朗克劝说马提亚斯·海顿让约瑟夫到海因堡去和自己住在一起，这样孩子既可以接受到更好的教育，还能在教会里得到一些音乐的训练。海顿夫妇最终同意了，他们期望这样可以增加约瑟夫日后走上神职岗位的机会。在海因堡，海顿学习文化、教义问答、歌唱，以及能找到的所有管弦乐器的用法，甚至还掌握了定音鼓的演奏技巧。据说他晚年曾如此描述这段经历:“我终生感激这个人(法朗克),他教会我太多东西,尽管在他那里我挨的打要比吃的饭还多。”

关于海顿早期受教育和接受音乐训练情况的可靠文献存世稀少,但在海顿1776年写给一家奥地利杂志的书信体简短自传里,时年44岁的作曲家回忆,上帝在音乐上给他“如此造诣,使我在6岁时就参加了好几场弥撒曲的合唱演出,而且还可以演奏一些钢琴和小提琴曲”。但仿佛小海顿为获得教育付出了极大代价。他后来这样描述在法朗克所谓的“照顾”下的境遇:

要知道,在我很小的时候,我的父母就让我养成干净和整洁的习惯,而这两样也成为我后天性格的一部分。而在法朗克家,从一开始,我就禁不住无比沮丧地注意到自己变得越来越邋遢。尽管我对年幼的自己评价甚高,但也总是无法避免地弄得衣服上污迹斑斑,这让我无地自容。事实是我已经成了一个衣衫褴褛的邋遢小子。

1740年前后发生的一件事改变了海顿的人生。格奥尔格·罗伊特在各个行省巡游,物色有天赋的男童声歌手。罗伊特从1738年起即担任维也纳的圣斯蒂芬大教堂乐队指挥。当时一位在海因堡的友人向他提及一个天赋出众的8岁男童,于是约瑟夫被唤来接受面试。为了鼓励他用颤音来一段儿,人们还给了他一捧樱桃。这也是海顿第一次用颤音唱歌。罗伊特对这个男童印象深刻,尤其是他能够用拉丁语和意大利语两种语言歌唱。最终海顿成为6名获得全额资助的合唱学徒之一，来到哈布斯堡王朝首都最具声望的唱诗班学习。而海顿在圣斯蒂芬大教堂的首演可能就是在皇帝查尔斯六世的盛人葬礼上。查尔斯六世于1740年10月20日逝世(他的女儿玛丽亚·特蕾西亚继位,由此引发了长达8年的奥地利皇位继承战争)。海顿还有可能在作曲家约翰·约瑟夫·福克斯的葬礼上参与了大型安魂弥撒的合唱,福克斯1741年2月13日辞世,享年80岁,生前一直担任哈布斯堡王室宫廷乐队的第一指挥。在海顿年满17岁之前,他和另外5个唱诗班成员住在离大教堂不远的乐队指挥家里。每天的工作就是与大教堂礼拜仪式需要的音乐打交道。典型的日常宗教仪式要有一段较短的弥撒曲，通常被称作短弥撒，一般是由从教堂乐队的歌者和演奏者中精挑细选出来的几个人来表演。圣斯蒂芬大教堂的乐队还有9个歌手,3名“特级歌手”,1名乐队副指挥,和包括管风琴手兼作曲家安东·瑞克、11名弦乐队员、1名圆号手和1名低音管演奏者在内的乐器演奏者。在宗教节日和特殊场合,如果必须表演音阶更宽的庄严弥撒,则从皇家号乐团聘请小号手、长号手和定音鼓手来参演。

在这里，海顿继续接受传统文化教育，课程有拉丁文、宗教课、算术和写作等。此外他还得到若干音乐名师的指导,学习发声唱歌,熟练掌握了羽管键琴的演奏技巧(其时钢琴尚未流行),并成为一名技艺精湛的小提琴手。他完全投入到表演亚历山大·斯卡拉蒂、帕莱斯特里那和阿莱格里等大师所作的礼拜仪式音乐之中。不幸的是，在1945年第二次世界大战行将结束之时，圣斯蒂芬大教堂遭到轰炸，海顿曾演唱过的大多曲目毁于炮火。如今人们只能从维也纳音乐之友协会保存的曲目档案中一窥端倪。唱诗班时期的约瑟夫肯定演唱过罗伊特、瓦根塞尔、卡尔达拉和福克斯等人的大量作品，这些作曲家都是维也纳盛极一时的音乐生活的亲历者。而对于巴赫和亨德尔这样的巴洛克音乐大师，他应该知之甚少——尽管在18世纪30年代末到18世纪40年代初，两位大师在创作上依然活跃——但海顿直到晚年才开始了解他们。作为圣斯蒂芬大教堂乐队的6名合唱学徒之一，1741年7月28日9岁的海顿将于维瓦尔第在维也纳圣查尔斯教堂贫民公墓的葬礼上献声。但那时的他对这位维也纳的“红发神父”[①]所作的宗教音乐近乎一无所知，因为晚年的维瓦尔第沉迷于从歌剧中寻求突破，不仅健康每况愈下，名声也大不如前。

在罗伊特那里，海顿并没有得到音乐理论和谱曲方面的正规教育，但罗伊特鼓励他在宗教仪式上独唱经文歌时，根据自己的喜好对原曲做一些即兴改编。在维也纳最好的音乐机构度过了近10年光阴，并无数次参加高质量音乐表演，这对年少的海顿有着及其深远的影响。他甚至开始想象自己成为一名作曲家的样子。海顿后来如此回忆这段时光：

那个时候，我以为一张纸只要写得满满的就是好作

① “红发神父”：维瓦尔第是意大利作曲家、小提琴家，还是一名神父。因生来一头红发，故人们称他为“红发神父”。——译注

品。罗伊特笑话我稚嫩的作品，笑话我写的乐句没有一副嗓子能唱出来，也没有一样乐器能够演奏出来。他责骂我连双声部都还没有搞清楚就用16声部谱曲。

约瑟夫成为唱诗班的首席独唱男高音，他晚年常常说到，他的童声是如此出色，以至于唱诗班的指挥建议他接受手术，去当一名阉人歌手[①]，以换得不确定的光辉未来。海顿的父亲坚决反对，制止了阉割手术，并匆匆赶到维也纳确保儿子不受到伤害。从几个方面看，海顿都是逃过一劫：一方面，阉割男童来防止变声会给其带来身体上的痛苦和损伤，同时也危险重重；这种野蛮的行径会让受阉割者终生不育，不能结婚。另一方面，18世纪末以后，阉人歌手在歌剧领域风光不再。哪怕在阉人歌手独领风骚的年代，接受手术都是一场赌博，因为谁也没法保证阉割后的男童在成年后还能有副好嗓子去当歌手，更不要说成为一名歌剧明星了。

约瑟夫十多岁的时候，很可能给新来的唱诗班成员上过一些基础乐理课，或许他还指导过自己的亲弟弟米夏埃尔。米夏埃尔在1745年加入圣斯蒂芬大教堂唱诗班。两兄弟的淘气和恶作剧常常让唱诗班指挥罗伊特头痛。他们参加了1745年在美泉宫举办的圣灵降临节仪

① 阉人歌手：最早出现于16世纪。那时女性不允许参与唱诗班，教会用男童声来代替女声，而男童长大后会有变声问题，阉人歌手应运而生。经过严格声乐训练，他们的音域具有女声的高度，气息则有男声的强度。其美声唱法在17、18世纪歌剧中风靡一时。18世纪末以后，由于违反现代人性道德观念，阉人歌手被禁止并逐渐消失。——译注

维也纳的圣斯蒂芬大教堂

式。由于美泉宫尚未完工，宫殿里仍可见到施工用的脚手架，约瑟夫准备爬上去玩一些吵闹的孩童游戏，结果被玛丽亚·特蕾西亚女皇逮个正着，并挨了一顿鞭子作为惩罚。据说米夏埃尔在1801年重返维也纳时，曾停步于乐队指挥住处（两年后拆毁），唏嘘不已，提及儿提时代在这里他每个星期都要得到一个“先令”（即“鞭打”）。

喜欢开玩笑仿佛是海顿的天性，这点毋庸置疑，在他的音乐作品中他的外向幽默也展现得淋漓尽致；而对这位后来成为狂飙突进[①]运动主将的音乐家而言，善于制造麻烦也是一种恰当的性格特点。然而，19 世纪海顿传记作家卡尔·斐迪南·波尔却声称约瑟夫·海顿在 1808 年访问维也纳的时候，曾告诉一群唱诗班的孩子们，说自己以前是一个勤奋的学生，经常带着一架便携式古钢琴跑到阁楼上，当他的同学们在外面玩儿的时候，他却能排除外界干扰，专心练琴。也有人怀疑德高望重的“海顿老爹”说这番话是出于奖掖后进、激励他们刻苦学习的目的，真实性则要打一些折扣。

在 1776 年所作的自传体书信中，海顿回忆他在圣斯蒂芬大教堂和皇家宫廷表演都是唱女高音声部，直到他 18 岁那年开始变声为止。关于海顿变声有一件轶事，据说玛丽亚·特蕾西亚女皇曾刻薄地（或许很准确地）评论“约瑟夫·海顿已经不是在唱歌了，他像公鸡打鸣”。男孩长大变声不可避免，于是比他小 5 岁的米夏埃尔取代了 17 岁的约瑟夫，成为首席独唱男高音。后来约瑟夫在一次恶作剧中将唱诗班一个男孩的长发剪掉，据说罗伊特知道后暴跳如雷，而且意识到让约瑟夫继续留在唱诗班在经济上已是一个负担，于是在 1749 年 11 月前后宣布解除对约瑟夫·海顿的监护权。尽管罗伊特这一决定可

① 狂飙突进：德语“Sturm und Drang”，出自克林格的同名歌剧。作为一种运动，指 18 世纪后半叶在文学和音乐创作领域的变革，是文艺形式从古典主义向浪漫主义过渡的阶段。在音乐上，狂飙突进风格擅长描绘激动的情绪，使用不协和音和半音进行的方式，经常作为强烈的对比出现在优雅情绪的作品中。——译注

能过于冷酷无情，但海顿应该明白这一切迟早会发生。在过去 10 年间，他已多次见过青春期发育对合唱团成员的影响，不再天真地心存幻想。据说离开合唱团的海顿不名一文，但他下定决心，不再听父母的唠叨去当一名牧师。他也决意不再回到小镇罗劳，并表明他对在维也纳当一名职业音乐人、过自力更生的日子充满信心。

# 第二章　学徒期，莫尔岑家族和艾什泰哈齐家族（1750—1761）

# Chapter 2: Apprenticeship, the Morzins and the Esterházys (1750—1761)

“我第一次见到如此春色；我的表演断断续续，手指仿佛粘在琴键上，整个人茫然不知所措。”

# Apprenticeship, the Morzins and the Esterházys(1750—1761)
# 学徒期，莫尔岑家族和艾什泰哈齐家族(1750—1761)

离开圣斯蒂芬大教堂的唱诗班后，海顿一度生活困顿。饥饿如影随形，万般无奈下，他甚至考虑遁入空门，加入圣母忠仆会[①]混口饭吃。幸运的是，他得到几个朋友的资助，他们的慷慨解囊使他渡过难关。花边工人约翰·威廉·布赫霍尔茨借给海顿150盾，没收一分利息。这笔钱相当于一名普通宫廷乐师一年的俸禄。(后来海顿在遗嘱中安排赠给布赫霍尔茨的孙女一笔钱，回报当年的恩情。)迈克尔教堂(在皇宫旁边)合唱团男高音约翰·迈克尔·施庞格勒给他在迈克尔教堂提供了一个顶层的房间落脚，而且还是与施庞格勒夫妇和他们襁褓中的儿子住在一起。拥挤的居住条件差强人意（屋子里没有取暖的炉子，屋顶还漏水），尤其是施庞格勒的妻子怀上第二个

① 圣母忠仆会：罗马天主教最初的5个托钵修会之一，是完全依靠捐助而生存的修会。他们不积蓄财产，需要发贫穷誓愿，以便将所有时间和精力投身于宗教工作。——译注

孩子玛格达雷娜后情况就更糟了。(而就是这个玛格达雷娜·施庞格勒在1768年的时候被海顿招进艾什泰哈齐宫廷乐队担任女高音。)

与18世纪大多作曲巨匠不同,海顿在作曲上是大器晚成。他早期作品存世无几,传世的有作于1749年的《F大调小弥撒》(Hob. XXII:1)。此曲是写给两个女高音加合唱的(可能是约瑟夫为自己和弟弟米夏埃尔在唱诗班演出所作)。大约在1750年春天,海顿去奥地利施蒂利亚州的玛丽亚策尔[1]朝圣,拜访了宏大的本笃会朝圣教堂,并随身带去自己所写的几首经文歌。初出茅庐的作曲家希望教堂唱诗班能演唱他的作品,但他的愿望好像落空了。

此时海顿可能已经开始在维也纳建立音乐和人际关系方面的社交网络,这对他通过演奏、唱歌和授课来谋生是大有裨益的。他在1776年那封自传性质的信里描写了这一时期的情况:

我终于失去了童声,整整8年时间,我备受煎熬,靠给年轻人授课度日。许多才华横溢的人就是这样为了挣钱养家糊口而断送了美好前程,因为他们根本没有时间去学习。本来我也不能幸免,要不是我保持创作的热情,每天作曲到深夜,我是不可能取得今天这点成就的。我辛勤地创作,当然时常犯错,直到有一天时来运转,得到著名音乐大师波尔波拉的指点(他那时正好在维也

① 玛丽亚策尔:奥地利乃至欧洲最著名的圣母朝圣地。——译注

纳),学习到真正的作曲基础知识。

尽管在迈克尔教堂的居住条件非常恶劣,但也并非一无是处,至少海顿在这里结识了一些对他帮助极大的人。宫廷诗人彼得罗·梅塔斯塔西奥就住在一楼。梅塔斯塔西奥是当时顶尖的剧本作家,享誉欧洲。从亨德尔到莫扎特,基本上 18 世纪所有重要的歌剧作家都为梅塔斯塔西奥的剧作谱过曲。梅塔斯塔西奥当时兼作玛丽安娜·冯·马提尼兹的家庭教师,他安排海顿来教这位年幼的女士羽管键琴和歌唱,而回报就是免费住宿。这样我们年轻的音乐家在马提尼兹家一住就是 3 年。正是通过梅塔斯塔西奥,海顿结识了著名的歌剧作曲家尼古拉·波尔波拉(1686—1768)。除了在那不勒斯、威尼斯、伦敦(从 1733 年到 1736 年,与亨德尔代表歌剧团之间的竞赛)和德累斯顿①的歌剧圈盛事中频现身影之外,波尔波拉还是一名德高望重的声乐教育家,他的弟子包括著名的阉人歌手法里内利②。大约在 1752 年底或者 1753 年初,波尔波拉来到维也纳,达官贵人纷至沓来,争相延聘大师作声乐老师。海顿由此被波尔波拉聘用,在其授课时为学生钢琴伴奏。志向远大的海顿后来还甘做波尔波拉的贴身男仆,在大师去温泉胜地巴德曼纳斯多夫的夏日疗养之旅上一路侍奉。在海顿记忆中,波尔

① 德累斯顿:位于德国的东南部,历史上曾长期是萨克森王国的都城,文化发达,历史悠久,被誉为“易北河上的佛罗伦萨”。——译注

② 法里内利:历史上最著名的阉人歌手,代表了阉人歌手歌剧美声唱法的顶峰。——译注

波拉并不是那么好相处：

> 少不了被他“蠢驴、傻瓜、混蛋”的骂，有时还拳脚相加，但我心甘情愿，坦然受之——因为我从波尔波拉那里学到声乐、作曲和意大利语，终身受用。

波尔波拉和梅塔斯塔西奥又介绍海顿认识一些重要的作曲家，诸如格鲁克和瓦根塞尔（瓦根塞尔肯定海顿音乐家的地位，让海顿备受鼓舞）。梅塔斯塔西奥的密友哈塞曾不止一次到过维也纳，海顿极有可能被引见给他。与这些叱咤风云的作曲界前辈的接触，对于志向高远的年轻作曲家来说，有至关重要的影响。除此之外，海顿也贪婪地补充音乐理论知识，研习包括马特宗的《完美的乐队指挥》（1739）在内的学术著作。他特别下功夫的是福克斯的《一步走到巴纳斯山》[①]（1725）一书，他在这本拉丁文著作上注上自己的观点看法，将福克斯的理念化为日后作曲教学的理论基础，并一生将其奉为圭臬。

18 世纪 50 年代中期，海顿的生活有所改观。他依然活跃在宗教音乐界，特别在礼拜日往往忙得喘不过气：上午 8 点钟要到慈善兄弟教团下属的女修道院小礼拜堂指挥管弦乐队（年薪为 60 盾）；紧接着 10 点钟要到环城大街上波希米亚宫廷事务枢密院内豪格维赤伯爵的私人小教堂演奏管风琴；1 个小时后他要马不停蹄地赶到圣斯蒂芬大教堂参加唱诗班合唱（每次做礼拜收入 1 个盾）。有记录

① 巴纳斯山：在希腊神话中，巴纳斯山是阿波罗和缪斯诸神的居住之所。这里指的是为作曲提供一些规则。——译注

表明，从1754年到1756年这三年的大斋期[①]，海顿都被临时聘为霍夫堡皇宫合唱团成员。1755年和1756年的狂欢节期间，他在皇宫打短工，为王室子弟与友人的舞会演奏小提琴，每个晚上能得到4个盾。

这时的海顿和他的音乐家同伴喜欢搞一些恶作剧，且已经名声在外。他还像孩提时代那样，经常惹麻烦在身。按照海顿的友人兼传记作家阿尔伯特·克利斯托夫·迪斯[②]的说法，这群音乐家常在户外演奏小夜曲。但有一次海顿暗地邀请了一群音乐家在城壕大街[③]集合，安排他们站在街道不同的位置——包括站在桥上的定音鼓手——然后一一告诉他们爱演奏什么就演奏什么。随之而来的刺耳噪音让城壕周边的居民无法消受，纷纷打开窗户，破口大骂，顿时嘘声和口哨声响作一片。在场的音乐家们还没缓过神来，有两个就被闻声赶过来的巡夜人给抓了起来，当然事后他们就被释放了，因为他俩都说不清事件主谋是谁。

然而多数时候的户外小夜曲演奏更为高雅，他的《G大调弦乐五重奏遣兴曲》(Hob.II:2）可能就是为1753年的一次表演所作。他还参加了在故乡罗劳举办的室内音乐聚会，正好有机会回家看看(尽管他的母亲已于1754年2月21日逝世，父亲于1755年7月19日再婚)。据这类

① 大斋期：宗教节日。又称四旬斋。从圣灰星期三开始至复活节前日止，一共40天，庆祝耶稣基督复活的圣迹。——译注

② 阿尔伯特·克利斯托夫·迪斯：作家。著有《约瑟夫·海顿的生平消息》一书。——译注

③ 城壕大街：源自古罗马人为了抵御北方游牧民族入侵，在维也纳挖掘的一条壕沟。如今城壕大街是繁华商业地段，街中心有著名的鼠疫柱。——译注

演出的亲历者回忆,海顿总是“很谦逊,甚至让人觉得他有些羞怯;但毋庸置疑,每个在场的人都为他的表演着迷”。

要明确海顿在 18 世纪 50 年代作品的具体创作年份比较困难。那时的他不知疲倦地创作,作品涵盖诸多音乐领域,名声随之鹊起。意大利语歌剧是海顿尚未涉足的领域,虽然从梅塔斯塔西奥和波尔波拉那里获得了相关知识,但在 18 世纪 50 年代的哈布斯堡宫廷盛行的是法式歌剧,而海顿仿佛对此并不感兴趣。在一次户外小夜曲演奏活动中,海顿结识了喜剧演员约瑟夫·菲利克斯·冯·库尔茨。库尔茨(艺名“贝尔纳多”)带着一帮演员和歌手在维也纳人民剧院表演德语歌剧。海顿为库尔茨的剧团创作了他的第一部舞台音乐作品《罗锅小鬼》(约 1751—1752 年)和后来的《新版罗锅小鬼》(约 1759 年),但这两部歌剧的曲谱均没有保留下来。除了为固定的表演团体写小夜曲,他还应邀创作弦乐四重奏和嬉游曲。这一时期他所作的钢琴奏鸣曲与三重奏大多为教学所用,因此必须考虑学生的演奏能力。最开始他教学生一个月只收 2 个盾,随着名声渐长,课酬也涨到每月 5 个盾。一些权贵也慕名拜在海顿门下学习钢琴和声乐,其中就有德高望重的玛丽亚·克里斯蒂娜·图恩伯爵夫人,还有罗伯特·齐默林这样的青年才俊,后来成为梅尔克本笃会修道院的乐队指挥。

海顿的学生中还有假发匠约翰·彼得·凯勒的几个女儿,她们的弟弟格奥尔格·伊格纳茨·凯勒在圣斯蒂芬大教堂任小提琴手。海顿深爱上年纪最小的特蕾丝。特蕾丝的父母公开欢迎海顿吃在他们家,据说还表达了要纳海顿为婿的强烈愿望。但这一切并不能改变他们的初衷——特蕾丝要到克拉雷会修道院去当苦行修女。最终特蕾丝遵循她父母的意愿，于 1755 年进入修道院，1756 年 5 月 12 日正式受戒。而仪式音乐的作曲和指挥都是海顿：《C 大调管风琴协奏曲》（Hob.XVIII:1）和《E 大调圣母颂》（Hob.XXIIIb:1）这两部精彩之作极有可能就是为了特蕾丝的受戒仪式所写。在乐曲欢快的音符中丝毫感觉不到我们 24 岁作曲家的心碎，但海顿一直小心翼翼地珍藏着这两部作品的手稿，后来还把它们的创作时间定在 1756 年，似乎都在强调它们在海顿心中的意义。

大约在 1756 年前后，海顿搬进了塞勒施泰特一处新住所。但随后的失窃事件肯定让他为未来的生计发愁。格里辛格在书中描述了海顿父亲来维也纳的情形：他给了海顿一枚面值 17 克罗泽的金币，以及一条建议"敬畏你的上帝，爱你的邻居！"又是好友们伸出援手，帮助海顿摆脱困境：有人给他送来衬衣和内衣，有人替他定做了一身正装，而他的近邻和资助人卡尔·约瑟夫·费恩贝格男爵则邀请海顿到他家住了两个月。在维也纳的宫殿，海顿教男爵的孩子们学习音乐；而费恩贝格男爵在维因齐尔还有一处乡间庄园，并且喜欢到那里和他在维因齐尔的管家、教区牧师以及一名当地音乐家组团演奏。费恩贝格委托海顿为这个业余乐队作曲，海顿的第一部弦乐四重奏[①]

① 弦乐四重奏：一种由四把弦乐器组合而成的室内乐形式。其历史可以追溯到 17 世纪阿莱格里时期，但海顿确定了弦乐四重奏的模式，将其发扬光大。——译注

维因齐尔宫，费恩贝格家族府邸

（可能包括 Op.1，No.1）就在 1755 年到 1757 年之间问世了。乐队成员对海顿的创新尝试非常满意，海顿备受鼓舞，在这种全新的音乐形式中继续努力。

大概在 1757 年或者 1758 年，费恩贝格男爵推荐海顿到维也纳的包贾尼宫担任莫尔岑家族一位贵族的乐队指挥。海顿的年薪是 200 盾，住宿免费，并可以在官员席用餐。在他二十多岁的时候，终于获得官员身份，从此作曲成为他职责的一部分，并拥有了创作的自由；格里辛格感叹海顿最终过上了无忧无虑的好日子。他要陪同莫尔岑伯爵一家到波希米亚卢卡维奇的宫殿避暑，偶尔还要去伯爵在布拉格的另一处较小的宫殿。海顿晚年对当时的一段轶事津津乐道：有一天海顿正坐在羽管键琴前演奏，而美丽的伯爵夫人站在他背后，俯身想看清楚演奏的乐谱，她的围巾散开，诱人的乳沟在海顿面前一览无余，却浑然不觉。年轻的海顿难免心猿意马：

我第一次见到如此春色;我的表演断断续续,手指仿佛粘在琴键上,整个人茫然不知所措。“怎么回事,海顿,你弹了些什么啊?”伯爵夫人诧异地问。我肃然答道:“可是,夫人,在您的美貌面前,谁又能做到心无旁骛呢?”

除此之外,老年海顿还向他的传记作家讲述了这一时期的另一桩往事,就是从马背上摔下来。应该就在这一事件前后,海顿创作了他的第一部交响乐(也许是《D大调第一交响曲》)。海顿第一次有了一支归自己指挥的管弦乐队,而他究竟是用小提琴还是羽管键琴来指挥已经无从考证。海顿为莫尔岑家族创作了至少 14 部交响乐,以及协奏曲、嬉游曲(包括 Hob.XIV:11)、管乐队组曲、弦乐三重奏,可能还有弦乐四重奏 Op.2 的一部分以及古钢琴奏鸣曲(包括 Hob.XVI:6)。海顿的官方头衔是莫尔岑家族的乐队指挥,但他的职责仿佛不包括为小礼拜堂提供仪式音乐。在作曲方面,他主要是为资助人的家庭内部娱乐谱曲,可能还要给一些特殊社交场合的音乐演出作曲。莫尔岑管弦乐队表演的曲目中还包括一些海顿委托弟弟米夏埃尔所写的作品。离开唱诗班后,米夏埃尔在耶稣会接受了良好的教育,并自食其力成为一名颇有才华的作曲家(后来他终于在萨尔茨堡总主教宫廷乐队获得任命,此后一直在此任职)。

莫尔岑家族一般会到维也纳去度冬,这时约瑟夫可能获许继续他的自由创作活动。他与凯勒一家仍然往来密切,并在特蕾丝进入修道院 5 年之后的 1760 年 11 月 26 日,迎娶了特蕾丝的姐姐玛丽亚·安娜,婚礼就在圣斯蒂芬大教堂举行。海顿为什么会做出如此选择，我们只能去推测猜想。他对凯勒一家的报恩之心和责任感有可能是主要原因，但或许玛丽亚·安娜是他接触的女性中所能找到的，与特蕾丝(后改名“约瑟法修女”)最接近的替代品。尽管我们也不能排除海顿爱上玛丽亚·安娜本人的可能性，但格里辛格在传记里强调因为玛丽亚·安娜“不停地逼婚”，海顿最终心软才答应。格里辛格还在书中将玛丽亚·安娜描绘成一个“霸道、凶蛮的角色”，偏执而且挥霍无度。总之这是一场不幸的婚姻。据说玛丽亚·安娜竟然用海顿的音乐手稿来卷头发，或者用来垫面食点心。海顿后来将婚姻关系的破裂和双方婚后的不忠都归咎于玛丽亚·安娜没能生孩子，但这肯定只是海顿为自己推脱责任的一面之辞。在他们的结婚证上，海顿被称作“莫尔岑伯爵的乐队指挥”，莫尔岑伯爵对音乐的热情让他不惜为之挥金如土，但也渐渐不堪重负。就在海顿举行婚礼后不久，大概在 1761 年春天，伯爵不得不解散了他的乐队，海顿也失去了乐队指挥的工作。

对于新婚的小两口来说，这不啻为晴天霹雳，但很快就雨过天晴。原来海顿在莫尔岑伯爵乐队的出色表现曾引起一位显赫客人的关注：那就是保罗·安东·艾什泰哈齐亲王，一个位高权重的匈牙利家族的主人，同时在资助艺术事业上不遗余力，其本人也是一名优秀的音乐家。艾什泰哈齐家族的历史可以上溯到 9 世纪末，匈牙利人占领布拉迪斯拉发时期。到了 17 世纪初，艾什泰哈齐家族的首领被其他匈牙利贵族推举为巴拉丁[①]。通过

① 巴拉丁：为一种官职名，其职能相当于奥匈帝国皇帝在匈牙利地区的代表。——译注

政治结盟和精明的婚姻策略，艾什泰哈齐家族已经富可敌国：其拥有的领土面积比 18 世纪许多德国公国还要大，而且每一代艾什泰哈齐贵族都热衷于资助文化艺术。艾什泰哈齐家族效忠于哈布斯堡宫廷，尤其在 1670 年镇压匈牙利人反抗奥匈帝国统治的起义中立下大功。作为奖赏，保罗·艾什泰哈齐伯爵于 1687 年被皇帝利奥波德一世册封为神圣罗马帝国[①]的亲王。就在保罗去世之前不久，查尔斯六世又恩准此爵位为世袭，从此以后家族的长子自动继承亲王爵位。保罗·安东·艾什泰哈齐在 1721 年 6 月继承爵位，那时他只有 10 岁。作为家族的第 4 任亲王，保罗·安东在 1734 年达到法定成人年龄，随即在哈布斯堡军队服役。在奥地利皇位继承战争（1740—1748）中，保罗·安东始终坚定地站在玛丽亚·特蕾西亚女皇一边，并在那不勒斯担任女皇特使若干年；在七年战争期间（1756—1763），他被升为陆军元帅。保罗·安东先后在维也纳和莱顿[②]接受过良好的教育，学识渊博，对文学和音乐有强烈的兴趣（他会演奏长笛、小提琴和琉特琴[③]）。艾什泰哈齐家族的乐队从 1728 年起就由格雷戈尔·约瑟夫·维尔纳负责打理，他工作尽职尽责；但到 1761 年初的时候，这位乐队指挥已经年迈体

① 神圣罗马帝国：公元 962 年至 1806 年在西欧和中欧的封建帝国。早期是由拥有实际权力的皇帝统治的国家，中世纪时演变成公国、侯国、宗教贵族领地和帝国自由城市的政治联合体，承认皇帝为其最高权威。文中所指为哈布斯堡王朝统治时期。——译注

② 莱顿：荷兰历史古城，有创建于 1575 年的莱顿大学。——译注

③ 琉特琴：一种曲颈拨弦乐器，是文艺复兴时期欧洲最风靡的家庭独奏乐器。——译注

弱，难以胜任。同时保罗·安东希望扩展宫廷音乐，使其更有时代气息，于是当他在莫尔岑伯爵处做客时欣赏到海顿的交响乐演奏，他慧眼识珠，将这位28岁的音乐家视作辅助（并最终顶替）维尔纳的极佳人选。

1761年3月中旬，海顿已经在保罗·安东亲王位于维也纳瓦尔纳大街上的行宫里服务了。在4月1日之前，他担任乐队副指挥，但并未被正式任命。5月1日海顿签署了一份为期三年并可续约的聘用协议，正式成为显赫的艾什泰哈齐宫廷乐队副指挥。聘用协议对老迈守旧的维尔纳体现了必要的客套，向兢兢业业服务宫廷几十载的老乐队指挥致以衷心的感谢，具体如下：

> 鉴于格雷戈尔·约瑟夫·维尔纳长年为宫廷服务，将继续保留其第一乐队指挥的职务……约瑟夫·海顿作为乐队副指挥，在艾森施塔特[①]宫廷的教堂合唱音乐领域，须听从维尔纳指挥；但在其他和音乐以及音乐演奏有关的所有事务中，事无巨细，乐队副指挥将全权负责。

许多才华横溢的音乐家死于赤贫，海顿对此感同身受；因此当见到他的新任领主对曾服务于艾什泰哈齐宫廷近33年的老朽维尔纳恩宠有加时，海顿一定甚为感动，且对自己的未来安心许多。维尔纳仍然负责为位于艾森施塔特（维也纳东南26英里处的一座小镇）的家族

① 艾森施塔特：奥地利东部小城，艾什泰哈齐家族在此地建有宫殿，并喜欢在此居住，故海顿在这里居住和创作将近30年。——译注

夏宫提供新的教堂音乐。他的新任乐队副指挥则负责其他所有的一切事务,包括协助保罗·安东重组他的“亲王乐队”。海顿极可能招募了一些他在维也纳结识的乐器演奏者到宫廷乐队中来,其中或许还包括一些原莫尔岑伯爵乐队的遣散成员。他的职责范围很大,包括根据亲王的需求,谱写世俗音乐、舞台音乐和器乐作品;教授声乐;招募和管理宫廷乐师(必须是本国的专业人士);管理音乐档案、乐谱;以及乐器的购买和维护(艾什泰哈齐宫廷乐队的乐师并不拥有他们自己演奏的乐器)。按照聘用协议,如有需要,他都有义务担任乐队的首席演奏者和独奏者。按规定海顿每天要向侯爵报到两次(早上和下午),听候指令,看亲王有无音乐方面的需求。任何本职工作之外的音乐活动,无论是演奏或者作曲,都必须得到亲王“恩准”以后才能开展。聘用协议最后承诺,如果海顿的工作“完全让人满意,那么第一乐队指挥的位置则不会旁落”。

海顿终于获得一个稳定的职位, 作为乐队副指挥,他的年薪为400盾,而且享受“宫廷官员”待遇(级别高于宫廷侍从):住宿免费,在官员席上用餐,还有一套精致的蓝色镶金边制服。格里辛格告诉我们,海顿年迈的父亲看到儿子穿着这身制服,且听说亲王殿下非常欣赏儿子的天赋,喜不自禁。尽管新的职位给海顿带来了繁重的工作和重大的责任,但他却如鱼得水,充分利用与乐队里一流演奏家合作的机会,大胆地开展各种创新实践,在各种音乐类型的创作和表演方面都获得丰富的经验。保罗·安东亲王是意大利音乐风格的狂热爱好者,以拥有维瓦尔第的几十部作品而名噪一时，其中包括著名的《四季》。对于此类音乐的熟稔可能会让亲王对音乐工作提出一些有趣的建议。迪斯在传记中写到，保罗·安东“让海顿以一天的 4 个时段（早晨、中午、傍晚、深夜）为题来谱曲”。由此而生的三部交响乐——**“早晨”（《第六交响曲》），“中午”（《第七交响曲》）和“夜”（《第八交响曲》）**——极有可能是海顿在艾什泰哈齐家族所作的第一批原创音乐，从此他拉开了为艾什泰哈齐家族服务终身的序幕。

CD1 1—3

# 影响和早期风格

18 世纪那些知名作曲家们创作音乐没有一个是纯粹出于艺术冲动的；他们谱曲主要动机是为了谋生。然而海顿却成功地运用细腻的表达、优雅的旋律与新颖的和声理念来吸引、愉悦，以及最重要的，打动听众的情感。这让他在艺术成就和历史地位上都与莫扎特比肩，但我们很容易忽略海顿其实属于更老一代的作曲家这一事实。一大批 18 世纪中期的作曲家推动了古典主义风格（或“华丽风格”），而他们直接从今天被我们称作“鼎盛巴洛克”的风格中汲取养料。基本上可以肯定，海顿年轻的时候并不知道 J.S. 巴赫或者亨德尔的音乐，但维瓦尔第的管弦乐那时颇为流行，海顿应该演唱过、演奏过并了解这些一脉相传的作曲家的音乐和作品（亚历山大·斯卡拉蒂，福克斯，马特松，卡尔达拉，瓦根塞尔与 C.P.E.巴赫[1]）。

尽管 18 世纪中期整个欧洲音乐风格更迭很快，但 18 世纪早期为人熟知并发展完善的传统技巧、结构、手法与

[1] C.P.E.巴赫：著名音乐家，J.S.巴赫的次子，也是艺术成就最高的一个儿子。因生活在柏林，又被称为柏林巴赫，以示与他的父亲和弟弟的区别。——译注

意识形态对于18世纪50年代末自学成才的作曲家海顿而言仍然是被奉为圭臬。一般说来，作曲家必须首先理解领悟、融会贯通这些音乐创作的规则，然后才能够灵活使用，甚至开拓创新。一名优秀的作曲家应该完全充分地掌握严格的对位法与和声法，能够掌控即兴键盘通奏低音伴奏（如教堂里的管风琴，剧院或舞厅里的羽管键琴）在声乐中的轴心作用，了解器乐、声乐表演中未标明的装饰音（如倚音、颤音、反复音符的修饰，以及在一段乐曲近结尾处即兴的华彩乐段）的意义，具备决定良好品味与欣赏能力的理论知识。同样，巴洛克音乐中常见的审美元素，在古典风格中仍然是至关紧要的：这些元素包括乐曲开章的朗诵措辞中的戏剧修辞；优美叠置的复调音乐；声乐独唱和器乐独奏部分的精湛技巧和错综复杂的设计。

詹姆斯·韦伯斯特将海顿的音乐艺术总结为基于“统一中的变化的原则……从始至终都保持着新奇和连贯”。这一点，从他存世的早期各种体裁的作品中可以清楚地看到。尽管它们被极具后知之明地称作“进步巴洛克”音乐，但我们用在成熟海顿和莫扎特（还有早期的贝多芬）身上的音乐词汇还没有发展完全。毫无疑问，他勇于创新，而且恰如其分地被誉为交响乐与弦乐四重奏之父，但海顿并非第一个创作这两种类别音乐的作曲家，也不可能在完全隔绝的环境里发展自己的风格。同时代的博凯里尼[①]、萨马丁尼[②]、加斯

① 卢伊吉·博凯里尼（1743—1805）：意大利作曲家，以室内音乐和大提琴协奏曲闻名。——译注

② 乔瓦尼·萨马丁尼（1700—1775）：意大利古典主义早期重要的作曲家，创作了音乐史上最早的一批交响曲，同时对奏鸣曲式的形成有重大贡献。——译注

曼[①]、迪特斯多夫和万哈尔[②]都是音乐风格的开拓者，而海顿肯定从他们对音乐的探索中受益匪浅，正如他们中许多人也从海顿身上得到启发。

18 世纪 50 年代末 60 年代初，强音钢琴还是一个新生事物，远远没到取代羽管键琴的地步；而管弦乐队也规模不大，结构简单，通常就是两支双簧管、两把圆号再加上四件弦乐（用低音提琴来重复大提琴声部）。在海顿早期的创作中（如第 6—8 交响曲），他的音乐充满想象地运用简化的织体、大胆的独奏和声、嘹亮的高音部声域（如教堂音乐中的女高音独唱；交响乐中的小提琴）、特点分明的低音和弦、音色与节拍精妙配合来传递戏剧效果（如定调圆号），和奏鸣曲形式的巧妙使用。两个快板乐章之间通常会放一个较慢的乐章，但海顿在形式上并不会墨守成规、泥古不化，有时也会采用慢—快—慢—快交替的乐章编排（称作 da chiesa，即教堂奏鸣曲，继承了意大利古代作曲家的传统，如科雷利[③]）。

---

① 弗洛里安·加斯曼（1729—1774）：波希米亚籍作曲家，宫廷作曲家，1771 年创办了“音乐艺术家社团”。——译注

② 约翰·巴蒂斯特·万哈尔（1739—1813）：捷克籍古典主义作曲家，活跃于维也纳音乐界，迪特斯多夫的学生，18 世纪主要的交响乐作曲家之一。——译注

③ 阿尔坎杰罗·科雷利（1653—1713）：意大利巴洛克时期最有影响的小提琴家和作曲家，几乎只为弦乐器创作。——译注

# 第三章:“我不得不在音乐上独辟蹊径”:艾森施塔特与艾什泰哈齐(1762—1775)

# Chapter 3:“I had become original”:Eisenstadt and Eszterháza(1762—1775)

# “I had become original”: Eisenstadt and Eszterháza(1762—1775)
# “我不得不在音乐上独辟蹊径”: 艾森施塔特与艾什泰哈齐(1762—1775)

海顿并没有为这位支持他的新雇主服务多久。1761年夏，保罗·安东·艾什泰哈齐亲王的健康状况急剧恶化,决定不依例去几处乡间行宫避暑,而是留在维也纳。亲王夫妇成婚多年,婚姻幸福,却没有子嗣。1762年3月18日,保罗·安东去世,他的弟弟尼古拉斯继位。这对海顿来说绝不是一个坏消息:尼古拉斯一世(绰号“爱辉煌者”)在教育背景上丝毫不逊色于过世的哥哥;在哈布斯堡军队中,他身任陆军副帅,深受拥戴。海顿一共服务过4任艾什泰哈齐亲王,尼古拉斯是第2任,也是最慷慨大方的一个。他穷奢极欲,酷好文化,在整个神圣罗马帝国都大有名声。作为一个慷慨的资助人,他大力扶植绘画、雕塑、建筑和音乐,其力度让皇室都相形见绌。

尼古拉斯亲王在对家族众多产业(包括在普雷斯堡[1]和基特湖的宫殿)的管理上也精明而谨慎。艾什泰哈齐宫

① 普雷斯堡:斯洛伐克首都,现名布拉迪斯拉发。——译注

侯爵尼古拉斯·艾什泰哈齐一世

廷以前不时地迁址，但从1762年到1765年，尼古拉斯主要居住在艾森施塔特镇上城堡内的宫廷里（艾什泰哈齐家族对小镇没有统治权，但却影响巨大，小镇的重要建筑均拜他们所赐）。该城堡始建于13世纪，由尼古拉斯亲王的一位祖先于1647年购买得来。1663年到1672年间，经过意大利建筑师的改造，成为一座巴洛克风格的宫殿。而一个世纪之后，海顿就在这座宫殿恢宏的大厅里指挥宫廷管弦乐队演奏他的新作。如今这座大厅被命名为“海顿大厅”。海顿大厅有很好的共鸣音效，接近教堂的效果。据此一些学者提出，海顿在他的交响曲与协奏曲中的器乐安排上也有因地制宜的考虑。话剧和歌剧则在宫廷剧院演出。1761年，保罗·安东亲王接受歌剧主办人吉亚科莫·都拉佐伯爵的建议，将宫廷剧院修建在城堡花园里的玻璃房内。都拉佐伯爵在歌剧圈颇有影响，之后不久他委托格鲁克和剧本作家卡沙毕其[1]在维也纳的城堡歌剧院举办了“《奥菲欧与尤丽狄茜》戏剧艺术节”。

① 格鲁克作曲，卡沙毕其填词，共同创作了著名歌剧《奥菲欧与尤丽狄茜》。——译注

海顿麾下的管弦乐队(亦称"乐团")从相对寒酸的阵容逐渐发展起来。刚开始乐队只有不到15名乐师,大部分人还要精于多件乐器。其中有六把小提琴,中提琴、大提琴和低音提琴各一把,一支长笛,两支双簧管,两把圆号,还有一支低音管(演奏者常常客串大提琴和低音提琴)。经过18世纪60年代和70年代的扩展,乐团在18世纪80年代达到鼎盛,至少拥有22名乐师。在歌剧演出中海顿出任羽管键琴通奏低音声部,尽管如此,他通常会担任小提琴手来指挥音乐会演奏[①]。然而他的诸多管弦作品中的最重要、技艺要求最精湛的小提琴独奏部分是由首席小提琴手路易吉·托马西尼来完成。这名意大利小提琴手从18世纪50年代初就在艾什泰哈齐家族当仆役,大概在海顿被任命为乐队副指挥的时候,他也正式被列入乐队成员名册;两名音乐家成为终身挚友。当时所有的乐队成员(包括海顿和他的妻子)都住在城堡内山丘上一个叫"老药房"的地方,就在贝尔格教堂旁边。

艾森施塔特的贝尔格教堂,海顿最终安葬之处

在艾森施塔特,刚开始海顿的职责并没有根本的改

① 在交响乐发展历史上,最早是由坐在首席的第一小提琴带领乐队成员一起演奏,集指挥和演奏于一身。——译注

变。亲王对海顿的宠爱仿佛让乐队第一指挥维尔纳的嫉妒之心与日俱增。尽管如此，年轻的音乐家好像还是很尊重维尔纳，后来甚至还将这位年老同事的乐谱手稿整套保存了下来。1762 年 6 月 25 日，才继位几个月的尼古拉斯亲王，将海顿的年薪涨到 600 盾（涨了 50%），这或许加剧了维尔纳的嫉恨。海顿在艾森施塔特的工作卓有成效，提供了一流的音乐表演，亲王殿下显然相当满意。海顿晚年向格里辛格回忆：

亲王阁下对我的各项工作都很满意，我收获成功。作为一支管弦乐队的指挥，我有能力展开实验，观察如何演奏让人印象深刻，怎么会削弱表现力。总之去改善、增加、减少与尝试。在这里，我与世隔绝，周边没有人让我心烦意乱，我不得不在音乐上独辟蹊径。

在 18 世纪 60 年代早期所作的大约 25 部交响曲中，海顿所说的“独辟蹊径”表现得最明显。其中《降 E 大调第 22 交响曲》（又名“哲学家”）别出心裁地用两把英国管代替双簧管；《C 大调第 30 交响曲》（“阿莱路亚”）在第一乐章中使用了一段格里高利复活节圣咏①；《D 大调第 31 交响曲》（“号角”）里将小号由两支增加到四支，效果必然不同一般。海顿在 18 世纪 60 年代初的作品大多都是器乐音乐。尽管室内乐与键盘乐作品仿佛并不是他在

① 格里高利复活节圣咏：以教皇格里高利一世命名的天主教仪式音乐。格里高利圣咏只用人声，不用器乐伴奏，没有和声与对位，旋律简单，不用变化音和装饰音。——译注

艾森施塔特职责的重点，但像《G 大调第 13 钢琴奏鸣曲》( Hob.XVI:6 )等作品很可能出自这一时期。 CD1 4—5

这一阶段的作品今天存世的不多，但我们知道海顿为路易吉·托马西尼写了几首协奏曲。其中一部是《C 大调第一小提琴协奏曲》(Hob.VIIa:1)，展示了小提琴手在快速过门演奏上的娴熟技艺，以及悠扬乐曲中的迷人音色。海顿还给艾什泰哈齐乐队的其他乐师独占舞台的机会，创作了《C 大调大提琴协奏曲》( Hob.VIIb:1 )，一部圆号协奏曲和包括为两支圆号写的协奏曲在内的若干已失传作品。 CD1 6

这一时期唯一值得一提的宗教音乐是他两首《感恩赞》中的第一首(Hob.XXIIIc:1，场合不明)。海顿现在有机会创作意大利歌剧，这距离他在波尔波拉身边学习意大利声乐已经有近 10 年光阴。海顿为城堡花园中的玻璃剧院写了 4 部喜歌剧(已失传，仅存《枸杞女侯爵》的一部分，1762—1763)。1763 年 1 月《阿契得》首演，庆祝亲王长子安东大婚(婚礼上还有一首康塔塔[①]，已失传)。海顿还针对特殊场合创作了一些世俗作品，需要歌者和乐师共同参与，诸如为尼古拉斯亲王的命名日（12 月 6 日）、生病康复，或者远游归来所作的 6 部致敬康塔塔(存世 3 部)。

1763 年夏末，海顿的父亲马提亚斯逝世。此时弟弟米夏埃尔在萨尔茨堡已经安家立业，而约瑟夫在艾什泰哈齐宫廷的地位也很稳定，于是马提亚斯最小的儿子约翰及其继母成了遗嘱最大的共同受益人。与两个成功的

① 康塔塔：是一种包括独唱、重唱、合唱的声乐套曲。——译注

哥哥相比，约翰的经济来源并不稳定。作为一名唱诗班男高音歌手，约翰很快被招入艾什泰哈齐宫廷乐队（最开始不拿薪水）。1 年后，海顿和整个乐团都搬到基特湖畔的艾什泰哈齐城堡，需要从普雷斯堡（今布拉迪斯拉发）请一位管风琴工匠来对破旧的羽管键琴进行大修。从保留下来的支付记录和账单来看，海顿这时在乐团的行政管理中扮演重要角色；但在 1764 年底，海顿病倒了。我们无从得知所患何病，但病情很严重，以至于海顿请求尼古拉斯亲王为他购买“必需的药品”。尽管亲王表示不愿意开这个先河，让其他音乐家效仿，但还是在 1764 年 12 月 27 日批准了这笔开销。到 1765 年 1 月 23 日，海顿病情仍未好转，他在艾森施塔特写信给远在维也纳的尼古拉斯亲王，汇报乐团最近有乐师离世，需要一名新的圆号手入替。在信的最后，海顿补充道：“过去几日，我数次感觉大限将至，情形比之前更糟了。”他再次向亲王提出需要金钱购买药物，但 1765 年春天来临的时候，海顿好像就完全康复了。

接下来的一年对海顿来说是个考验。在这之前，他的管弦乐队在管理和发展上貌似一帆风顺，但这种平静却在 1765 年夏末被打破了——海顿与亲王的庄园总管彼得·路德维希·冯·拉希尔发生了激烈冲突。缘起是乐队的长笛手弗朗茨·西格尔在庄园里用猎枪打栖息在屋顶上的鸟儿，不小心将屋子点着，火势差点蔓延到整个艾森施塔特，幸好及时被扑灭。拉希尔将西格尔抓起来，并粗暴地关了他监禁。海顿立即挺身而出，为西格尔和其他卷入其中的乐师辩护，并试着和拉希尔说理。但拉希尔出身行伍,固执倔强,根本不吃海顿那一套,认为这些乐师们的抱怨抗议就是不服从上级的行为。拉希尔出言不逊,而且当着海顿的面猛地甩手关门。受到惊吓的乐队副指挥仍然坚定地站在下属一边,并于1765年9月9日致函尼古拉斯亲王汇报此事,言辞彬彬有礼,明显暗示己方受到不公对待。信中指出海顿所不满的并非西格尔被关禁闭一事,而是拉希尔在处理过程中毫不讲理的野蛮行径。他还抱怨了这位庄园总管对待自己和其他乐团成员的粗野行为。可以想象,在这件事上尼古拉斯亲王没有厚此薄彼:海顿的介入仿佛说服亲王对拉希尔进行安抚,消除了两人剑拔弩张的对立;而亲王也无法容忍西格尔的蠢行,尤其是那威胁到整个小镇的安全,于是将他从乐团除名(3年后这位长笛手又回到乐团,说明亲王还是法外开恩)。

在海顿致函亲王一个月之后,心存怨恨的乐队指挥维尔纳告了海顿一状,让他不得不面对"玩忽职守"的指控。这位72岁的老朽已经无力监督管理宗教音乐了,但却收到消息说礼拜堂唱诗班管理混乱。1765年10月8日,维尔纳致信亲王,抗议海顿在乐队管理上有重大过失,使其不得不关注此事。他指责海顿挥霍乐队经费,抨击整个乐队"松垮懒散","所有种种,主要责任应由现任指挥承担,正是他的纵容,让乐队成员为所欲为"。维尔纳还抱怨"唱诗班里只剩些放浪形骸的家伙",乐师缺席是家常便饭,许多人更是长年不归。维尔纳还提到唱诗班里保罗·安东亲王7年前购置的乐器,今已遗失近半(想必是乐师偷的);而乐谱资料室在已故风琴手约翰·诺沃特尼管理下井井有条，但如今却损耗严重，无人监管，乐谱大量流落民间。

此时的维尔纳已经虚弱不堪、卧床不起，可能对才华横溢的年轻副手一直心存芥蒂，故而太容易去相信那些针对海顿的恶意诽谤。实际上乐团的乐器并没有遗失，但维尔纳有一点没有说错，海顿是一个随和的人，不太愿意去管束手下那些放任不羁的音乐家们。维尔纳对这位年轻同事的音乐才华毫无怀疑，他可能真心觉得海顿需要找出解决问题的办法。为了这一目的，他向亲王提出若干高明的建议：

亲王阁下可以给他（海顿）一道命令，勒令他必须颁布最严格的指令，让亲王乐队的乐师们务必恪遵职守，无一例外……上任亲王管理乐队，除了夏日因杂役多而惯例休息，明令乐队冬季每周要在亲王宫廷表演两场教学（音乐会），分别在周二和周四，每场两个小时。如果能恢复这一传统，当下的懒散将可彻底根除，再不会出现。

尼古拉斯亲王此时一心扑在督造新宫殿上。亲王家族在许特尔有一座狩猎山庄，尼古拉斯亲王将其改建成一座壮观的宫殿，用以避暑。亲王对维尔纳的投诉还是给予了重视，指示拉希尔处理此事。1765 年 11 月底或 1765 年 12 月初，拉希尔在亲王授意下，给海顿严重警告，并要求海顿在乐团的指挥和管理上推行一个七点规定，以解决维尔纳投诉的问题。拉希尔和尼古拉斯亲王要求海顿在 8 天之内对现有乐谱和乐器列出一式三份的清单,称作《艾森施塔特教堂音乐规定》。学校校长兼档案管理员约瑟夫·迪茨尔负责在每次礼拜仪式之前分发和收集乐谱,以及对乐器进行监管和维护。根据维尔纳的建议,教堂乐队的所有成员必须定期出席教堂仪式,"以恰当、自律的方式完成他们的职责和义务";一周两次的"教学音乐会"恢复了;规定明确指出,再不容忍任何未经允许擅自缺席宗教仪式或音乐会的行为。值得注意的是,尼古拉斯亲王并没有表现出对海顿本人的丝毫不满,他似乎不太在意维尔纳说些什么,只关心如何让自己的乐队副指挥在创作上更多产。在规定的最后,他奇怪地加上一条,要求海顿"比之前更有热情地创作",尤其要多写一些可以在上低音维奥尔琴上演奏的作品。(上低音维奥尔琴是古提琴家族的一员,属于罕为人知、濒临淘汰的品种;但尼古拉斯亲王近来在一次因斯布鲁克[①]之旅中获得一件,从此便对其如痴如狂。)

海顿的上低音维奥尔琴

维尔纳的投诉极有可能让海顿沮丧不安,乃至愤愤不平,但他还是积极做出回应,一丝不苟地遵循这新颁布的管理条例。除此之外,他开始制定一套自己作品的

① 因斯布鲁克:奥地利西南的一座城市,始建于1180年,是工业、商业和交通中心,并因作为夏季和冬季疗养胜地而著称。——译注

活中占据重要地位：较大的一座（始建于1768年）可容纳400名观众，且配有所有必需的机械装置，用以移动布景和制作像飞行马车这类的特效；而较小的上演“提线木偶戏”的木偶剧院（建于1773年）模仿洞穴风格修造，也颇具规模。从1779年11月至1781年2月，在大歌剧院因火灾重建而停用期间，木偶剧院也用来演出“真正”的歌剧。海顿歌剧作曲家生涯的起步中规中矩：唱词诙谐的独幕歌剧《爱唱歌的人》很可能是在艾森施塔特的临时剧院首秀，献给来访的皇室，而首次公演则是在1767年2月16日普雷斯堡的狂欢节上。1768年9月下旬，艾什泰哈齐宫的新歌剧院正式启用，上演了海顿的歌剧《药商》。《药商》改编自威尼斯著名剧作家卡罗·哥尔多尼[1]的剧本。而1770年9月16日为亲王侄女兰伯格伯爵夫人的婚礼助兴而首演的《渔妇》也采用了哥尔多尼的剧本。

尽管这里有瑰丽的花园、恢宏的歌剧院、为音乐会量身打造的若干豪华大厅，但艾什泰哈齐宫并非所有人眼中的乐土：宫廷里的人，包括乐团成员在内，都不喜欢它的偏僻隔绝（尤其是他们的家人大多都还留在艾森施塔特），而且宫殿之外的环境过于恶劣。上文提及的访客如此描述道：

四周荒野的强烈落差让这宫殿愈发显得富丽堂皇。再难想象出比此处乡野更为死气沉沉、冷清萧条的地方……这里的居民大多看上去如同行尸走肉，在春天时通

① 哥尔多尼（1707—1793）：出生于威尼斯共和国的意大利剧作家，对当时盛行的情节模式化、无固定台词的“即兴喜剧”大胆革新，创作了大量贴近生活的喜剧作品。——译注

艾什泰哈齐宫

常会患上冷热病……尽管乡间卫生堪忧，尤其在春秋两季，疫疾盛行；尽管亲王本人也饱受冷热病侵袭，但他始终坚信：天下之大，却再也没有更为干净、宜居的所在了。

尼古拉斯亲王不喜居于城镇闹市，一年之中只是在圣诞节期间前往维也纳，依例向皇室请安。他越来越喜欢住在艾什泰哈齐，而不是艾森施塔特。这期间，他治下的宫廷里的人在两处宫殿里过着奇怪的双重生活。亲王对新的音乐作品依然如饥似渴，兴之所至，还有慷慨的额外奖赏。海顿的创作既有大型宗教音乐——诸如精美的《圣母悼歌(圣母侍立颂)》(Hob. XXbis，大约写于 1767 年的艾森施塔特，可能是为耶稣受难日所作)；也有小型室内乐作品，供亲王在艾什泰哈齐宫演奏(诸如更多的上低音维奥尔琴三重奏)；而且他还继续谱写交响乐。在 18 世纪 60 年代末期，乐队指挥为整个乐团创作器乐作品的速度有所放缓，但作品本身的质量、时长以及戏剧创新却增加了。这一时期最受欢迎的交响曲中，许多都有绰号，就像“火”(《A 大调第 59 交响曲》可能创作于 1767 年，以悦动的开篇急板乐段而著称)；“哀伤”(《d 小调第 26 交响曲》约作于 1768 年，将单声圣歌融入前两个乐章，可能为耶稣受难节[①]所作)；

CD2 7

**《f 小调第 49 交响曲》(“受难”)**，或为 1768 年的圣周[②]所作，是海顿最后一部采用意大利风格的宗教奏鸣曲形式的交响曲)；还有“玛利亚·特蕾西亚”(《C 大调第 48 交响曲》，一部欢快悦动的仪式音乐作品，约创作于 1768 至 1769 年间，其中用圆号代替了开场小号)。

在完成宫廷职责之余，海顿亦获得准许为其他机构及团体创作大型声乐作品：1768 年 3 月前后，《喝彩》(Hob. XXIVa:6)问世，这部拉丁文的独幕节日康塔塔，就是为奥地利茨韦特尔[③]的西多会修道院所作。由于无法去修道院亲自指挥演奏，他写了一封详细的信，附在曲谱后一并寄去；信中强调乐队指挥须严格遵守他在曲谱上标注的音乐速度与力度变换的指令，并要求乐队成员务必“尽心尽责、全力以赴”。几个月之后，海顿与来自欧登堡的若干名小号手和一位定音鼓手洽谈聘用事宜，是为 1768 年 7 月 26 日的一场原因不详的音乐表演作准备。或许就是为了此次演出，他谱写了气势磅礴的新作

① 耶稣受难节：四旬斋的最后两个星期。——译注

② 圣周：复活节前的一周七天，用以纪念耶稣在世最后一周的事迹。——译注

③ 茨韦特尔：位于奥地利东北部，1922 年设立州，现为奥地利最大的一个州。下奥地利地区土地肥沃、经济发达、历史悠久、文艺兴盛。——译注

《纪念BVM弥撒曲》(《管风琴大弥撒曲》,Hob.XXII:4,还有一段作曲家亲自上阵的管风琴独奏)。

几个星期之后,厄运再度袭来。1768年8月2日,一场大火几乎将艾森施塔特的整个平民区化为废墟。该地区只有19间房子幸免于难,但海顿在修道院胡同的家却为火所毁。买这座房子时,海顿就借了钱;如今房屋受损严重,家中什物也被烧得一干二净(包括大量孤本曲谱)——他和妻子玛丽亚·安娜面临倾家荡产的窘境。听闻此事之后,尼古拉斯亲王慷慨解囊,出资重建(借此机会,海顿夫妇自掏腰包50盾,加盖了一个房间,并由此导致了与隔壁寡妇的地界之争)。到1776年,海顿家又一次不幸地为火所毁,亲王再度做出同样善举。正是这些慷慨义举,让乐队指挥海顿对自己的亲王不离不弃。要知道海顿音乐的影响力越来越大,受到整个欧洲的追捧。或许他偏居一隅,意识不到自己业已誉满天下,但也很容易理解他为何始终对尼古拉斯·艾什泰哈齐亲王忠心不二。

而身为乐队指挥,海顿对手下的乐师同样关怀备至。他多次在婚礼上为他们做证婚人或者伴郎,还是许多乐师孩子的教父。这种与乐师和歌者的亲密关系,让他与属下休戚与共。就在1768年圣诞节前夕,乐团的两名成员要被开除,他深感责无旁贷,致函亲王为二人求情,理由是他认为解雇这两人会极大降低宫廷音乐的高水准。在信中,海顿提及日渐兴盛的谣言:亲王打算来年将整个乐团带到艾什泰哈齐宫去。除了要保住这两位音乐家的生计(他成功做到了),这位乐队指挥仿佛还想在亲王那儿验证传言是否属实。艾什泰哈齐宫目前尚没有足够的住房,整个乐团暂时不用搬离艾森施塔特;但海顿和他的乐师们肯定都感到前途不明:一旦艾什泰哈齐宫能住得下整个宫廷的人,那他们将何去何从?1769 年 1 月 24 日,拉希尔要开除一名乐师,因其未得到亲王的允许,便与一位歌手同事私定终身,海顿再度出面为其开脱。

这一年夏天,尼古拉斯亲王邀请一家巡回剧团到艾什泰哈齐宫演出,开始了从 1769 年 5 月到 10 月的歌剧季,这当然需要宫廷乐团的参与配合。这个夏季,海顿第一次指挥了其他作曲家的歌剧——萨基尼的《宫廷里的乡村姑娘》;而在 1769 年 8 月 1 日,痴迷于上低音维奥尔琴的亲王聘用了一位专业维奥尔琴演奏家安德列亚斯·利德尔,他在艾什泰哈齐宫廷一直供职到 1774 年 5 月(也有可能在宫廷管弦乐队中兼任大提琴手)。显然海顿曾经私下尝试掌握上低音维奥尔琴的演奏技巧,甚至常常演练至深夜,要在某次音乐会上露一手,给亲王一个惊喜。但照格里辛格的说法,亲王不喜反恼,认为“海顿妄想超越他在该乐器上的优势”。于是此后,海顿再没有碰过上低音维奥尔琴;当然,他还要继续谱写演奏的乐曲,诸如**《D 大调上低音维奥尔琴三重奏》(Hob.XI.11)**。

CD1 8

1770 年初,尼古拉斯亲王决定将他的乐团带到维也纳;1770 年 3 月21 日,海顿在冯·萨摩茹男爵的宫殿指挥了《药商》的重演。大约就在此时,海顿或许得到了维也纳资助人的委托,重新开始严肃认真地创作弦乐四重奏。随着 3 组作品(每组都包括 6 部四重奏,Op.9,Op.17 和 Op.20)的发表,他将弦乐四重奏带到新的高度。海顿乐意接受更多的作曲委托,也许是出于对家庭经济状况的担忧:据说他夫人出手阔绰(两人的关系已经濒临破裂)。1770 年秋,他甚至恳请尼古拉斯亲王从他薪水中预支 400 盾,用以偿还当初购置房产时欠下的一笔债务。因此,到了年末,精疲力竭的海顿累得一病不起,高烧不退。格里辛格回忆,在缓慢的康复过程中,海顿的医生禁止他从事任何与音乐有关的工作,但他还是不能自已,趁着夫人与女仆出门的时候,创作了一部钢琴奏鸣曲。1771 年 1 月 6 日,尼古拉斯亲王同意了海顿预支薪水的请求,但海顿的病情依然没有好转,惊动了在萨尔茨堡的米夏埃尔·海顿,他特意向萨尔茨堡大主教请假,准备来探视家兄。结果是,约瑟夫没多久就完全康复了,米夏埃尔也免除长途跋涉之苦。约瑟夫·海顿可能创作了他的第 2 件《圣母颂》(Hob.XXIIIb:2,4 个独唱,弦乐队和管风琴助奏)献给圣母玛利亚,感谢她保佑自己恢复健康。

1771 年的大部分时间,尼古拉斯亲王都不得不待在维也纳,而海顿则继续他在弦乐四重奏上的试验与创新。他写出了《c 小调钢琴奏鸣曲》(Hob.XVI:20),标志着一系列"表现"奏鸣曲的顶峰。比起他以前的键盘乐作品,这些"表现"奏鸣曲锐意创新、个人情感充沛,而且结构复杂、和谐。1772 年 1 月 10 日之前,情况已经越来越明晰,海顿和他的乐团要更多地住在艾什泰哈齐宫;而在这一天,庄园总管拉希尔正式通知他们,所有乐团成员的妻儿(除了个别特殊待遇,如海顿与托马西尼的妻子)“不得出现”在艾什泰哈齐宫。显然乐师们不敢对此有异议,但可以想象拉希尔并不担心这一规章会受到质疑反对。因为尼古拉斯亲王正考虑是否缩小乐团规模、降低乐师们的薪酬。最终,缩编与减薪没有来,但乐团却不可避免地正式一分为二:在艾森施塔特的一支负责教会音乐,而艾什泰哈齐宫的乐队则被称作“室内乐团”。

1772 年 1 月 25 日,尼古拉斯亲王聘请了另外一家巡回剧团到艾什泰哈齐宫——卡尔·瓦尔剧团。在接下来的 5 年间,该剧团将在艾什泰哈齐宫的文化盛事中扮演极其重要的角色。它演出喜剧、莎士比亚戏剧与歌剧,而海顿与他的乐队则为这些表演提供配乐。艾什泰哈齐宫较大的那座剧院再次上演歌剧,为了助兴,亲王还特意组织烟花燃放、假面舞会,并从维也纳请来舞者上演芭蕾舞剧。但所有这些辉煌灿烂,以及演奏有史以来最为大胆独创、瑰丽恢宏的交响曲的经历,都不足以弥补音乐家们被迫将妻儿留在艾森施塔特、摒弃正常家庭生活所带来的苦楚。虽然艾什泰哈齐宫最早只是作为夏宫修建,但乐队成员(大概还有其他宫廷人员)逐渐意识到亲王口中的“夏天”可能长达10 个月,从 2 月一直到 11 月。直到 1772 年 11 月 20 日,海顿仍在艾什泰哈齐宫,当天他与玛丽亚·安娜作为他们侄孙女的教父教母,出席了在附近教区教堂举行的仪式。待在这座远在匈牙利的宫殿的时日大大超出了夏季的范围,思家的乐队成员们迫不及待要回到妻子身边。他们满腹牢骚,却又不敢口出怨言,生怕因此丢了工作或者被克扣薪水,于是向海顿求助,看他有什么办法帮他们结束遥遥无期的流放生

CD1 9

活。海顿灵机一动,写了《**第 45 交响曲**》(**“告别”**),用一种最坦率也最有策略的方式,向尼古拉斯亲王传递乐师们的心情。这部交响曲使用了非同一般的升 f 小调,并以一个慢板(而不是传统的欢快终曲)收尾,让每一件乐器逐次休止。这部交响乐很快就在亲王面前演奏,按照指挥,每一位乐师在完成自己的部分以后,就要吹灭谱台上的蜡烛,夹着乐器退场。亲王领悟到这出哑剧后面的苦心,据说还表示:“如果他们都走了,那么我们也必须离开。”第二天,他就下令离开艾什泰哈齐宫。

12 月 6 日是尼古拉斯亲王的命名日[①],而宫廷乐团已经回到了艾森施塔特,海顿很快为这一天的礼拜堂仪式准备好一部气势磅礴的新弥撒。或许海顿想通过这部《圣尼古莱弥撒》(Hob. XXII:6)及时地向亲王表达谢意,感谢他对《告别交响曲》善解人意的反应。弥撒采用轻快活泼的$\frac{6}{4}$节拍,简单的民乐般的旋律,也传递了适合基督降临节[②]气氛的教牧音乐意象。就在这时,海顿器乐作品中“独特想法”的原创性引起了玛丽亚·特蕾西亚女皇的注意(尽管她略显无知地称海顿为“新手”,要知道当时海顿的作品已经在维也纳卖了 20 年了)。同样在 1772 年,他开始一段长达 5 年的教学生涯,向极具天赋的学生伊格纳茨·普莱耶尔传授作曲。

1773 年 4 月 29 日,海顿得到一笔 400 盾的馈赠,是

① 命名日:和本人同名的圣徒纪念日,在基督教国家从中世纪就有此传统,源于教会对圣徒举行纪念的节日。——译注

② 基督降临节:从圣诞节前第四个星期日开始的一段时间,许多基督徒在此期间祈祷、斋戒以及忏悔,以迎接圣诞节的到来。——译注

已故安东亲王在遗嘱中设立的。这笔钱相当于海顿在12年前整整1年的起薪,毫无疑问,这笔意外之财帮助稳定了他的经济状况。两天之后,艾什泰哈齐宫的歌剧季拉开序幕,宫廷乐团极可能再度为卡尔·瓦尔剧团提供配乐。海顿创作了**《不贞受骗》**,这是他第一部完整的意大利喜歌剧,献给玛丽亚·安娜夫人(保罗·安东的遗孀)在7月26日的命名日。《不贞受骗》可能是他最受欢迎、最为成功的歌剧,也是他创作生涯的里程碑。这部剧作或许让尼古拉斯亲王意识到他完全可以依仗自己的乐队指挥,创作出杰出、婉约、机智的歌剧。海顿将亲笔签名的曲谱献给亲王,又得到了大把金币的奖赏。

CD1 10

伊格纳茨·普莱耶尔

1773年9月2日,木偶剧院启用,这里舞台表演由木偶来完成。首场演出是海顿的德意志歌唱剧《菲利蒙与鲍西斯》。由于歌剧的最后一幕(今已失传)神化了哈布斯堡王朝,因此在玛丽亚·特蕾西亚女皇国事访问期间,这部木偶歌剧被列为众多庆典活动之一。传说女皇在看完一场《不贞受骗》演出之后评价道,想要聆听一流的意大利歌剧,就必须到

艾什泰哈齐宫来。根据海顿的说法,他不仅用音乐款待女皇,而且还猎到3只松鸡,最终被端上宴请皇室的餐桌。尼古拉斯亲王将海顿引荐给女皇,作曲家羞怯地提及当年随唱诗班到美景宫,因年少顽劣被女皇责令鞭罚的往事,把女皇给逗乐了。此次皇室造访艾什泰哈齐宫对尼古拉斯亲王来说可谓大获全胜,他论功行赏,格外慷慨地奖励了海顿30枚金币。

1773年年底,在艾森施塔特的管风琴师弗朗茨·诺沃特尼辞世,找谁来接替他的位置让海顿颇为头痛。12月初,他面试了两名应聘者,但均不足以胜任。于是海顿向亲王提议,夏季由宫廷学校校长约瑟夫·迪茨尔演奏管风琴;冬季则由他本人兼担。亲王同意了由两人均分这份年薪。这份宫廷管风琴师的兼职(仅在冬季)让海顿的薪水在整个宫廷中位列三甲,仅次于庄园总管拉希尔与亲王的私人医生,接近1000盾一年。

1774年2月26日,海顿出版了一本6首钢琴奏鸣曲(Hob.XVI:21–6)的合集,所有作品均作于1773年,风格都属于优雅的"华丽曲风"。海顿的作品过去20年间一直以手抄谱的形式在维也纳销售,这是他第一次正式出版印刷曲谱。1774年3月中旬,尼古拉斯亲王人在维也纳,但愈发怀疑他的乐团大部分成员都擅自离开艾森施塔特的岗位(或许是由于他在首都撞见若干名乐师的缘故)。1774年1月,海顿已经得到授权,所有乐团事宜直接向亲王请示,但这次亲王选择让拉希尔去暗地核查这些乐团成员们有没有拿着亲王的薪水却玩忽职守。海顿再次斡旋其中,仍是站在乐团成员一边。但我们可以猜想，在亲王出行期间，有相当数量的宫廷乐师确实游手好闲、不务正业。

1774 年的艾什泰哈齐歌剧季可能包括了卡尔·瓦尔剧团冬季在普雷斯堡演出的曲目：涉士比业的《奥赛罗》与《麦克白》，或许还有盖布勒尔的《泰莫斯——埃及之王》，该剧可能还由莫扎特创作了“狂飙突进”风格的配乐，并由艾什泰哈齐宫廷乐队演奏。如果推测属实，那这将是海顿与这位年少成名的年轻天才最早的交集之一，当然毫无疑问他肯定听在萨尔茨堡的弟弟米夏埃尔说过许多关于莫扎特家族的事情。海顿为瓦尔剧团在艾什泰哈齐宫上演的法国剧作家勒尼亚尔的《心不在焉》提供配乐，后来将其改编成《第 60 交响曲》（“心不在焉的人”）。1774 年 7 月 1 日，《不贞受骗》重演。1774 年 8 月，海顿在艾森施塔特，但极有可能又赶回艾什泰哈齐指挥他的歌剧《阿契德》《爱唱歌的人》和《药商》的重演。我们无从得知他为何中途返回艾森施塔特，但有可能他是请假来为维也纳的音乐艺术家社团创作意大利语清唱剧**《托比亚返归》**。音乐艺术家社团是一个慈善组织，1771 年由皇室乐队指挥弗洛里安·利奥波德·加斯曼创办，目的是资助音乐家的遗孀与孤儿。

CD1 11

海顿精心打造的第一部清唱剧在 1775 年 4 月 2 日首演，正值四旬斋期间。其中大多角色由他的艾什泰哈齐宫廷乐团的歌手担当，而且海顿点名让托马西尼来指挥乐队（这意味着演出得到尼古拉斯亲王不遗余力的支持）。海顿通过为音乐艺术家社团创作年度清唱剧（在他之前，加斯曼，哈塞，迪特斯多夫都为社团写过清唱剧），加入了这个群星荟萃的团体，从而他能够为拥有约 180 名乐师的庞大乐队创作乐曲。海顿的清唱剧具有节奏舒缓、情节平稳的显著特点，且受制于以宣叙调和冗长咏叹调为主的梅塔斯塔西奥式结构，也不太紧凑。然而观众想要的就是美妙绝伦的音乐，而不是紧凑的戏剧情节；《托比亚返归》赢得满堂彩，大获成功，音乐艺术家社团也赚得盆满钵满，有 1712 盾的进账（所有参与者均义务免费出演）。

4 天之后，一份维也纳的报纸刊登了一篇评论文章，对《托比亚返归》的首演赞口不绝，称海顿“将其众所周知的机智纯熟技巧展现得淋漓尽致。音乐表现、自然与艺术在他的作品中浑然一体……尤其是他的合唱部分，洋溢着亨德尔作品中才有的激情火焰”。

初夏伊始，尼古拉斯亲王在波兰的行宫消磨时日，随后在 1775 年 7 月，重返艾什泰哈齐宫，为一个月之后费迪南大公爵的来访作准备，并亲自督导丰富奢华的娱乐消遣。这是尼古拉斯亲王在艾什泰哈齐宫精心安排的最铺张奢华庆典活动。除了话剧、木偶歌剧、狩猎远足、假面舞会、焰火表演、在庄园里设立的乡村集市与露天马戏表演场，还有 1775 年 8 月 29 日海顿歌剧新作《邂逅》的首演。这部歌剧顺应潮流，以充满异域风情的土耳其为背景；亲历者对此津津乐道，称其相当有趣，并称赞“其中的配乐，保持了海顿一贯的水准，一如既往的精彩绝伦”。

# 上低音维奥尔琴三重奏

海顿创作了接近 200 部上低音维奥尔琴作品，貌似全部都是供尼古拉斯亲王演奏之用。在今天存世的 122 部三重奏中，这种有点像古提琴的特殊乐器与中提琴和大提琴搭配。这些曲谱特地用红色皮革装帧成 5 大册，每册 24 件作品，然后呈献给尼古拉斯亲王。前期所作三重奏相对简单，但随着亲王对该乐器的掌控日益精进，海顿曲谱对技巧的要求越来越高，也越来越复杂。所有的上低音维奥尔琴作品都仅在艾什泰哈齐宫廷内部使用。到 18 世纪 70 年代末，尼古拉斯亲王痴迷上了意大利歌剧，对这种乐器的热情逐渐消退。

# 第四章 “我乐意为其效劳，今生今世，至死不渝”：艾什泰哈齐（1776—1790）

# Chapter 4：“In whose service I wish to live and die”：Eszterháza（1776—1790）

“我多么希望能够让每一位以音乐为友的人，都可以从灵魂深处感悟到……莫扎特的作品是如此的无与伦比……”

## “In whose service I wish to live and die”:Eszterháza (1776—1790)
## “我乐意为其效劳，今生今世，至死不渝”：艾什泰哈齐（1776—1790）

1776 年，尼古拉斯·艾什泰哈齐亲王决定开始在艾什泰哈齐宫定期地举办完整的歌剧季，演出舞台剧、木偶歌剧与意大利正歌剧，这完全改变了海顿的生活方式与创作类型。亲王就住在艾什泰哈齐宫，每天晚上都需安排戏剧表演，于是，作曲家海顿顺理成章地发现自己不像是乐团指挥，更像是私人歌剧院的经理。从 1776 年到 1790 年，他负责创作、改编、录谱（在抄谱员的协助下）、彩排以及指挥了不少于 88 部不同的歌剧作品。最开始上演的绝大多数是话剧，但在延续 15 个年头的完整歌剧季里，这种趋势被彻底转变。仅在 1786 年间，艾什泰哈齐宫的歌手与乐师们就参加了令人瞠目结舌的 125 场演出，包括 17 部不同的剧目。

在如此繁重的工作负担之下，海顿不可能只演出自己的作品。因此，维也纳的抄谱员们源源不断地送来大量知名作曲家的歌剧乐谱。在艾什泰哈齐宫最受欢迎的歌剧家是奇马罗萨（演出了共 13 部作品），紧随其后的是安福西、帕伊谢洛与萨尔蒂。除了海顿的歌剧，尼古拉斯亲王的歌剧院里一共上演过 24 位作曲家的剧作。1776 年 2 月，海顿指挥了格鲁克著名的《奥菲欧与尤丽狄茜》（也许不包括长号和七孔沙吕莫管部分）。1776 年 3 月，迪特斯多夫的《假爱的傻瓜》上演。这年夏天还演出了另外两部迪特斯多夫的歌剧，以及萨基尼与彼契尼的作品。海顿这一季只推出一部提线木偶剧新作——《迪多》（已遗失）。根据演出的需要，新聘了 7 名歌手，再加上新添的单簧管乐师，艾什泰哈齐宫廷管乐队达到前所未有的规模。尼古拉斯亲王甚至为他的乐师们定制了崭新的红色配苹果绿的制服。

1776 年初夏，海顿应邀为《博学的奥地利》——多卷本的当代奥地利文化与社会名人录——撰写个人词条。该书的编者伊格纳茨·德·卢卡并不是直接与海顿联系，而是通过一位唤作“莱奥诺拉小姐”的中间人。1776 年 7 月 6 日，海顿给莱奥诺拉小姐回信；这封著名的自传体书信写于艾什泰哈齐宫第一个完整的歌剧季中期，信中海顿提及自己与艾什泰哈齐家族的关系，表示“我乐意为其效劳，今生今世，至死不渝”。

可能居住在艾什泰哈齐宫（那里离维也纳有两天的路程）会让海顿的生活相对闭塞，但从这封信能看出他对外界音乐圈的动态了如指掌。显然，德国北部地区评论家的野蛮攻击让他很不痛快，他们认为海顿的音乐反复无常、肤浅，折射出作曲人对位法知识的缺失。海顿针锋相对地回应：

> 很庆幸，鄙人所作音乐在世界各国均受欢迎，唯独不入柏林人法眼……皆因他们不知如何演奏本人的一些作品，且过于自负，不愿花心思领悟琢磨。

他还附上一张清单，列出他心目中最受欢迎的作品：歌剧《渔妇》(1770年首演，约三分之一剧本遗失)、《不贞受骗》《邂逅》、清唱剧《托比亚返归》和《圣母悼歌》。奇怪的是，海顿觉得没有必要提及他的交响曲与弦乐四重奏，而恰恰在这两个领域，他是备受敬仰的创新先锋。其中一部分缘故或许仅仅就是疏忽导致的：过去几年间，随着海顿在艾什泰哈齐宫歌剧任务加重，他在交响曲与弦乐四重奏方面的创作放缓减少。还有可能是，海顿意识到，他那个时代最声名显赫的作曲家的地位都是建立在声乐作品之上的，无论是宗教的还是歌剧的。

在写完给莱奥诺拉小姐这封信11天之后，海顿在艾森施塔特的宅子再次被焚毁。而且这次火灾比1768年那次更为严重；短短两个小时内，市政厅、圣方济各教堂与修道院、酿酒厂、教区教堂以及104所民宅被烧毁，16人葬身火海。海顿的房子受损严重，甚于8年之前。此时，他极有可能身在艾什泰哈齐，但尼古拉斯亲王再次慷慨解囊，为其重建屋舍。这回修葺费用也更为高昂(450盾)，而且被焚毁的音乐手稿比上次还要多。考虑到这座房子给他带来的厄运、与邻居们法律纠纷带来的不快，以及本人长期不回艾森施塔特等因素，两年之后，他决定将此房转手出售。

1777 年,他再度忙于艾什泰哈齐宫的歌剧活动。加斯曼的《爱的工匠》拉开歌剧季的序幕,接着海顿新作《月亮世界》(哥尔多尼作词)在 1777 年 8 月初上演,庆祝尼古拉斯伯爵(亲王次子)与玛丽亚·安娜·冯·维森沃尔夫女伯爵的大婚。此后海顿再也没有重演过该剧,却在一些长笛、小提琴和大提琴三重奏(Hob.IV:6–11)甚至 1782 年的《玛丽亚策尔弥撒》(《圣塞西利亚弥撒》,Hob.XXII:8)的本尼迪颂乐[1]中重新使用了其中的音乐。此外,还演出了帕伊谢洛的两部歌剧。有关海顿在 1777 年下半年活动的记录甚少,但冬季在埃森施塔特,他可能创作了**《圣约翰弥撒》(Hob.XXII:7)**,亦称《小管风琴弥撒》,献给慈善兄弟教团在艾森施塔特的修士会。 CD1 13

在艾什泰哈齐宫廷,因重视歌剧演出而削减音乐会与室内音乐活动的力度相当惊人:1778 年整整一年,只办了 6 场“教学音乐会”(12 年前,海顿被要求率乐团每周举行两次),由此可见一斑。艾什泰哈齐宫的轮演剧目又增添了安福西与加扎尼加的作品,有 5 部歌剧与上一季相同。1778 年 10 月 27 日,海顿将其在艾森施塔特的房屋出让,售得 2000 盾(比买的时候赚了 500 盾),这肯定缓解了他经济上的压力,要知道他妻子开销巨大,而且 1768 年和 1776 年两次大火之后,为装修房子他欠下大笔债务。值得一提的是,他不再投资地产:而是将售房所得的一半贷给亲王的总务长,约定半年获 5 厘利息(50 盾)。海顿显然是在为退休后攒养老的钱:最后一笔

① 本尼迪颂乐:即 Benedictus,以“是他以主的名义来赐福”为起始句的赞美诗。——译注

维也纳圣米迦勒广场上的宫廷剧院

利息支付于1808年12月13日，离他去世只有不到6个月的时间。

1778年对海顿来说似乎并非多产的一年，但据说大约在这个时候，他应维也纳宫廷歌剧院的委托，开始创作《真正的坚贞》。1778年11月的时候，海顿肯定在忙于该剧的创作，当时他订购了十二行式五线谱记录纸，就是为了写终曲部分。如果传言属实，那海顿唯一一次为维也纳宫廷剧院创作歌剧的尝试，貌似因歌剧院行事拖沓低效以及政治上的阴谋反对而终告失败。在这一过程中，皇帝约瑟夫二世的态度起了负面的影响，他对海顿的音乐没有好感。于是，海顿下定决心，宁愿不让新歌剧问世，也不再继续徒劳无功地与心胸狭隘且强大的敌对势力斗争；他离开维也纳，并将这个事件的来龙去脉向尼古拉斯亲王和盘托出。1779年元旦，海顿从亲王那里得到一份新的续约合同，该合同允许海顿接受宫廷外的创作委托，并有权安排自己音乐作品的出版。亲王对海顿的支持不遗余力，大约出于他的坚持，《真正的坚贞》很快在艾什泰哈齐宫上演，时间是1779年4月25

日，由海顿亲自指挥。

这一季艾什泰哈齐宫的轮演剧目又增加了瑙曼、法兰奇与菲利奇的作品，但1779年11月18日的一场大火让歌剧院受损严重。大火持续了约四个半小时，火势从宫殿的中国舞厅蔓延到歌剧院。不仅《真正的坚贞》的手稿被焚毁（后来海顿再度谱写该剧，并于1785年重演），还有过去18年间海顿为艾什泰哈齐宫廷创作的全部交响曲的管弦乐部分的曲谱可能也在这场大火中付之一炬。尽管如此，尼古拉斯亲王决不允许这场灾难影响到他的歌剧娱乐，仅仅3天之后，歌剧季便在较小的提线木偶剧院继续进行。就是在这种临时拼凑的情形下，1779年12月6日（亲王的命名日）海顿的又一部歌剧《无人岛》首演。该剧被一些研究者视为海顿在18世纪70年代末期所作的最完美的一部，它不同于以往的严肃唱词来自梅塔斯塔西奥的手笔。这仿佛也是海顿第一次为昔日恩师的剧本谱曲。海顿对此引以为豪，还专门抄录一份曲谱寄给摩德纳著名的爱乐乐团。爱乐乐团非常重视这一剧作，几个月后还授予海顿荣誉会员资格以及证书。

在艾什泰哈齐宫，重建歌剧院的工作迅速展开。1779年12月18日，歌剧院奠基，海顿为仪式创作了**《D大调第70交响曲》**。尽管主剧场尚不能使用，但这丝毫没有动摇尼古拉斯亲王继续举办盛大歌剧季的决心。1780年2月17日，新的歌剧季在提线木偶剧场掀开序幕。这一季安排了整整93场演出，其中有8部歌剧，包括首度在艾什泰哈齐宫歌剧季现身的维也纳著名宫廷作曲家萨 CD1 12

列里的一部歌剧。上一个歌剧季刚刚结束,新的又开始了。这段时间,海顿第一次与维也纳音乐出版商阿尔塔利亚合作,准备出版钢琴奏鸣曲;而他又要负责歌剧季,肯定忙得焦头烂额。所以,1780 年的歌剧季没有一部他的新歌剧毫不为奇。尽管,《无人岛》未能重演可能还与剧团的招牌女主角芭芭拉·里帕蒙蒂于 1780 年 4 月离开艾什泰哈齐宫有关。

1780 年 8 月 1 日,剧团聘请了新的女高音特勒撒·阿玛利亚·塔维奇娅,但还没到年底,海顿的注意力就完全被年轻的意大利女中音路易奇娅·波尔策地吸引了,后者成了他的情妇(在此之前,海顿夫人也有公开的出轨行为,尤其是在 1770 年到 1772 年间与宫廷画师路德维希·古滕布隆的婚外情;而这种无关道德的公开偷情在 18 世纪的宫廷文化中司空见惯)。路易奇娅·波尔策地于 1779 年 3 月加入歌剧团,同时被聘的还有她年长的丈夫,一名小提琴手。她的歌唱才艺大概平平,海顿只为她创作了一个合适的角色(《无人岛》中的希尔维亚)。然而,海顿在演出其他作曲家歌剧的过程中,会根据波尔策地的能力为她量身打造俏皮女仆一类的角色,许多“插入式咏叹调”就是如此创作出来的。她音域有限是出了名的,甚至传到尼古拉斯亲王耳中,于是 1780 年 12 月,亲王将波尔策地夫妇二人从宫廷乐团除名。海顿出面为二人求情,显然是由于他与路易奇娅的暧昧关系。很快,两人再度被聘用,并在艾什泰哈齐宫工作到 1790 年。海顿与路易奇娅的情人关系维持了 11 年;路易奇娅认为她第二个儿子安东尼奥的亲生父亲就是海顿,而安东尼奥后来成为一名职业音乐家，并在1803年加入艾什泰哈齐宫廷乐队。至于海顿是否知晓或者认可这一事实，我们不得而知。然而他对路易奇娅的两个儿子都青睐有加却是不争的事实：他亲自教两人音乐，给安东尼奥一份工作，而且在1790年以后，定期写信给路易奇娅、寄钱给她，甚至流露出要迎娶她的意向。海顿还在他的遗嘱中为路易奇娅设立了一年150盾的养老金。

1781年的艾什泰哈齐宫歌剧季于2月25日拉开序幕，开场戏是《忠诚受奖》。海顿为这部“诙谐田园剧”创造性的谱曲将剧本英雄与戏剧场景共有的特性发掘得淋漓尽致。对于歌剧院重建落成庆典来说，这部极具吸引力的歌剧再合适不过。随后，新歌剧院又上演了备受欢迎的剧作家安福西与帕伊谢洛的作品，以及今日已被遗忘的阿斯塔利塔和里基尼的新剧目。大约在这段时间，海顿可能邀请到著名的钢琴制造师安东·沃尔特来艾什泰哈齐宫维修3件键盘乐器。海顿的羽管键琴应该是在两年前的歌剧院大火中被焚毁，并极有可能被沃尔特所造的一台钢琴代替。我们完全可以推断，从此以后，海顿开始为钢琴创作键盘乐，并不再弹奏羽管键琴（当时已经被认为是过时的）。

1781年5月末，海顿再次与维也纳音乐出版商阿尔塔利亚通信，这次是关于一部德国民歌合集，要献给尼古拉斯亲王“亲爱的”（情人关系？）伊丽莎白·克莱尔。此外，他还告诉阿尔塔利亚，他收到巴黎著名的巴洛克古乐团指挥约瑟夫·勒·格罗斯的来函，信中充满溢美之词。海顿不无得意地透露给巴洛克古乐团的成员们：

> 非常惊讶我在声乐作曲领域取得如此无人能及的成功；但我自己没有丝毫诧异。他们以前没听过我的音乐，如果他们有幸能听到我的轻歌剧《无人岛》以及最新的歌剧《忠诚受奖》，我敢向您保证他们不再会诧异我的方式，时至今日，在巴黎绝对听不到这样的佳作，恐怕在维也纳也一样；而我的不幸就在于我住在乡下。

尽管海顿继续矢志不渝地为对他不遗余力支持的雇主服务，但他清楚地意识到艾什泰哈齐宫的与世隔绝是利弊参半。他名声鹊起，成为整个欧洲顶尖的作曲家，却大多时间居于匈牙利乡下的偏远的宫殿里。另一方面，尼古拉斯亲王对歌剧的痴迷，意味着海顿再不用创作上低音维奥尔琴三重奏了；而且在 1779 年的元旦签署新的契约之后，他获得了为亲王之外的个人与机构创作器乐作品的特权。于是他为在维也纳、巴黎、伦敦和莱比锡的一些机构或者出版商谱曲（尽管新的交响曲和弦乐四重奏极可能也为尼古拉斯亲王演奏）。

1781 年年末，海顿将其新作的弦乐四重奏 Op.33 的手稿标出 6 个金币的价格，待价而沽，但在 1782 年 1 月 4 日，他有所警觉，发现维也纳的出版商阿尔塔利亚急匆匆地准备将这些谱子复印。早在 1781 年 12 月 29 日，该公司就迫不及待地在《维也纳日报》上宣布他们推出的海顿新作的大众版本仅需4 盾。此时，那些对手稿的私人订单已经让海顿应接不暇，于是他立即向出版商抗议，这种行为将他置于不仁不义的境地。海顿威胁将来再也不与该出版商合作,但仅仅过了16天,海顿又致信阿尔塔利亚公司,这次却是息事宁人的口吻,指出合作双方将来都应该更加谨慎。其实在此之前,他同样也暗地里与英国的音乐出版商威廉·福斯特洽谈合作事宜。

1782年2月,他的新作《第73交响曲》("狩猎")(Symphony No.73)上演,可能是为了庆祝尼古拉斯亲王从巴黎返回艾什泰哈齐宫。或许就是因为这次旅行,亲王挑选了法国作曲家格雷特里的《采米尔与阿佐》(意大利文译本)作为1782年歌剧季的开幕剧。这一季至少有90场演出,并第一次出现特拉埃塔的歌剧作品。1782年7月,海顿摔成重伤,左脚受伤,不得不接受严格的饮食控制,并有一段时日足不出户;但他还是挤出时间致函维也纳的阿尔塔利亚出版社,允诺向出版商提供一些小提琴、钢琴和大提琴的三重奏曲。信中他宣称需要为俄罗斯保罗大公和约瑟夫二世的国事访问创作一部新的歌剧。说好的访问没有来,但海顿的歌剧新作《勇士奥兰多》震撼问世,并于1782年12月6日首演(尼古拉斯亲王的命名日)。同样在1782年,海顿创作了《圣塞西利亚弥撒》(《玛丽亚策尔弥撒》,Hob.XXII:8,整个18世纪80年代海顿仅有的重大宗教音乐);英国的阿宾顿伯爵试着邀请海顿在1782到1783年间到伦敦举办一系列跨年的音乐会,但没有成功。而专门为伦敦听众量身打造的3部交响乐(第76—78交响曲)的完成,说明海顿对伦敦之行是充满期望的,汉堡的《音乐杂志》甚至言之凿凿地宣称海顿已经动身前往伦敦。但他还是留在了艾什泰哈齐宫：尼古拉斯亲王最终还是没有同意如此之长的假期。英国人民还得再等上9年，才能迎来被他们誉为“作曲界的莎士比亚”的大作曲家。

1783年1月，海顿再度写信给阿尔塔利亚，答应交付一些逾期未付的交响乐作品与抒情曲谱，并请求阿尔塔利亚谅解，因为他从维也纳回到艾什泰哈齐宫后，就患了“严重的黏膜炎”，在床上整整躺了半个月。1783年的歌剧季从3月开始，进行得如火如荼，尽管105场演出中没有一部是海顿的新作（《勇士奥兰多》与《忠诚受奖》均为重演）。1783年4月8日，海顿通知阿尔塔利亚，由于其病情恶化，必须切除鼻部的息肉（病情反复），不得不再度推迟交稿。信中他还提议，正在筹备出版的一部交响曲（《C大调第69交响曲》）应该起个绰号“劳登”（取自奥地利战斗英雄厄内斯特·吉迪恩·冯·劳登的姓氏），这样会更加热销。

1783年7月间，海顿将为英格兰之行而作的3部交响曲的手抄件交给巴黎的音乐出版商博耶，由此可见他在生意买卖中精明的商业头脑（就算不是彻头彻尾的不择手段）。他解释之所以不能奉上原稿，是因为只有尼古拉斯亲王才有权保管处置，所以只能给出版商第76—78交响曲的手抄件。海顿曾毫不忌讳地评论：“从我的立场来说，我的作品，出价高者得之”，他对自己作品的信心，以及经济考虑优先的作法可见一斑。这一年，他还为宫廷乐团的首席大提琴师安东·克拉夫特写了优雅的《D大调大提琴协奏曲》（Hob.VIIb:2）。

与此同时，海顿寄了一份弦乐四重奏Op.33的曲谱给普鲁士的海因里希亲王；1784 年 2 月 4 日，他收到回信，信中亲王表示诚挚的谢意，并表示这些四重奏带给他“极大的愉悦”。这时海顿应该快完成他的歌剧新作《阿尔米达》了，该剧于 1784 年 2 月 26 日在艾什泰哈齐宫首演。这是他为尼古拉斯亲王创作的最后一部歌剧，而且居然是他在这段时间内唯一一次尝试更为高尚、文学化的意大利正歌剧风格。尽管它的剧本作者不详，只知取材于塔索的《被解放的耶路撒冷》，却要比梅塔斯塔西奥以高贵的王位概念为中心的歌剧壮观得多，也魔幻得多。海顿的这部歌剧讲述了一位基督教十字军骑士与一名异教女法师的恩怨纠葛，将两人之间丰富细微的情感变化演绎得惟妙惟肖。海顿在 1784 年 3 月 1 日写给阿尔塔利亚的信里兴奋地提道：“有人告诉我，这是我迄今为止最出色的作品。”但不知为何，在歌剧领域辛勤创作近 20 年之后，他毅然放弃了歌剧的创作；在随后 6 年多时间里，他与歌剧相关的创作仅限于为其他歌剧家的作品写了 20 首左右的插入咏叹调（他也会根据实际情况需要，对其进行改编和重新配乐）。

艾什泰哈齐宫漫长的歌剧季一共有 104 场风格迥异的歌剧演出，总体上体现了尼古拉斯亲王对喜歌剧的偏好。1784 年 3 月 22 日到 3 月 29 日，海顿从这段疯狂的歌剧安排中抽身，来到维也纳，为音乐艺术家社团的最新版《托比亚返归》的演出进行准备与彩排。参演的独唱歌手有几位实力超群，且与莫扎特渊源颇深：女高音卡塔琳娜·卡瓦列埃里与男高音瓦伦蒂尼·亚当伯格都曾在莫扎特的《后宫诱逃》中挑大梁；还有两人将在《费加罗的婚礼》的首演上大放异彩：女高音南茜·斯托拉斯（饰苏姗娜）与男中音斯特凡诺·曼迪尼（饰阿尔玛维瓦伯爵）。

如今的海顿已经誉满全欧洲。大约在这个时候，他为维也纳的演出修改了《托比亚返归》，而 1784 年 3 月 19 日在里斯本的演出还用的老版本。与伊比利亚半岛的联系不止于此，海顿在 1784 年 4 月 5 日写给阿尔塔利亚的信中透露，他正忙于创作的小型弦乐四重奏，就是来自西班牙的委托。在海顿回到艾什泰哈齐宫之后，歌剧家朱塞佩·萨尔蒂前来拜访。萨尔蒂的作品经常出现在尼古拉斯亲王的演出剧目中，他也有可能听说海顿将在 6 月中旬指挥演出自己一部歌剧。尼古拉斯亲王在匈牙利荒野中修建的城堡与宫殿终于大功告成，并在 9 月 12 日举行了一场异常奢华的庆典，庆祝玛丽·赫尔米娜吉尔德公主与尼古拉斯伯爵（亲王的孙子）大婚的临近。海顿将 3 首钢琴奏鸣曲新作献给公主，作为婚礼贺仪。若干年后，她将成为海顿的资助人，不遗余力地始终支持海顿。

从 1784 年 10 月初海顿与尼古拉斯亲王的通信中可以看出，乐队指挥在艾什泰哈齐宫周边几间木屋旁修建了一座花园，还种上了果树，完全是自己出钱。1784 年 10 月底，海顿以 15 个金币的价格将 3 部新的交响曲（第 79—81）出售给巴黎的出版商内德曼，并郑重声明他的曲谱系“呕心沥血之作，且誊写整洁无误”。但最终这些交响曲并没有在巴黎出版，而是被转售给维也纳的托里切拉和伦敦的福斯特（除了第 79 交响曲）。然而，他与巴黎音乐人的接触，很快给他带来了一份特别的委托，多尼伯爵代表共济会奥林匹克分会音乐厅，请海顿创作6部交响曲（第82—87）。海顿花了一些时间来完成这批委托，大约在1786年全部创作完毕，并可能在1787年首演。与海顿之前的交响曲相比，这批作品是为规模大得多的乐队创作，有大约70件弦乐器及双木管乐器。海顿音乐中显著的恢宏气派让这批《巴黎交响曲》受到极大欢迎——比如其中的**《母鸡》（《g小调第83交响曲》）**，海 CD1 14
顿用一段欢快的舞曲结束这部小调交响曲，展示了他无人能模仿的幽默风格。

## 海顿与莫扎特

莫扎特与海顿有可能都出席了《忠诚受奖》德语版的公演，是由埃马努埃尔·席卡内德尔剧团于1784年12月18日在凯恩特内托剧院上演。但这两位作曲家的首次相遇时间却不得而知，有可能是在一年前的音乐艺术家社团的年度圣诞慈善音乐会上（1783年12月22日和23日），当时两人的作品均有上演。他俩当然早已熟悉对方的音乐与名望，或许通过莫扎特与米夏埃尔·海顿在萨尔茨堡的老交情，相互已有更深层次的了解。1784年，斯蒂芬·斯托拉斯举办了一场宴会，欢迎乍到维也纳的帕伊谢洛。爱尔兰歌唱家迈克尔·凯利（后来莫扎特专门为他设计了《费加罗的婚礼》中巴西利奥一角）也应邀前往。仿佛当时还有其他大名鼎鼎的音乐家出席，并即兴来了一场弦乐四重奏表演，克里后来戏称其为“差强人

意”:

演奏者可谓妇孺皆知，这点我敢打包票，听听他们的名字吧： 第一小提琴——海顿；第二小提琴——迪特斯多夫男爵；大提琴 ——万哈尔；次中音(即中提琴)——莫扎特……你还能奢望比这更伟大、更奢华的演出阵容吗?

海顿与莫扎特同为共济会成员，也加深了两人之间的友谊。1784 年 12 月 29 日，海顿申请加入“真正和睦”分会，其会员均为知识分子，这里，在伊格纳茨·冯·伯恩(其分会有约 200 名成员)的领导下，艺术家与开明的改革派贵族(包括尼古拉斯亲王)自由往来。莫扎特此时刚升任二级会员，出席了 1785 年 1 月 28 日的共济会典礼。海顿本来是要在该典礼上正式入会，却最终未能成行：他临时收到通知，不得不返回艾什泰哈齐宫，可能是去督察新的歌剧季的前期筹备情况。尽管海顿可能对共济会不是特别投入上心，但他的入会仪式还是在 1785 年 2 月 11 日进行。而这时候，具有讽刺意味的是，莫扎特无法参加，因为他正在新市场的一家赌场进行 6 场周音乐会的第 1 场。但第二天晚上，莫扎特举办了一场四重奏聚会，欢迎新加入共济会的兄弟。席间演奏了 3 首新的四重奏作品，均为莫扎特专门献给海顿的。利奥波德·莫扎特正好从萨尔茨堡来访，回忆道：

海顿对我说：“我一向不说假话，在上帝面前，我实

莫扎特“海顿”四重奏手稿的局部

打实地告诉您，您的儿子是我认识的和听说过的人当中最伟大的作曲家。他不仅拥有高雅的品位，而且还具备最广博的作曲知识。”

两人可谓惺惺相惜。年轻的莫扎特对海顿的弦乐四重奏 Op.33 推崇备至，甚至因此花了将近 3 年的时间用心作出 6 部精美的弦乐四重奏献给海顿。莫扎特的《“海顿”弦乐四重奏》也是由阿尔塔利亚出版的，具有讽刺意味的是，出版商给莫扎特的报酬要比他们付给海顿同类作品的价钱高。莫扎特写于 1785 年 9 月 1 日的长篇献辞（用意大利语）展现了对他“亲爱的朋友”的敬仰与爱慕，并将自己的“海顿”四重奏比作 6 个孩子，他有责任将它们置于“一位声名显赫人物的庇护与指引之下”：

希望您愿意将它们惠存，成为它们的父亲、导师与朋友！从此刻起，我卸下所有责任，托付给您，请求您无论如何宽容地对待它们的缺点，毕竟作为创造它们的生父，我不可避免地带有偏袒，看不到缺点。

有些学者怀疑此份献辞的真实性，因为莫扎特的口吻过于谦卑恭敬。但是莫扎特第一部传记的作者尼姆奇克在1798年声称,这个萨尔茨堡的年轻人常常将海顿称作老师,并补充说明莫扎特“在演奏两位伟大的海顿所作的优秀作品时，会被感动得潸然泪下……”尼姆奇克将其所作的传记献给海顿,并这样写道:

（莫扎特）在谈及两位海顿的时候，总是非常动情……我们不应怀疑，当我们聆听无所不能的莫扎特的作品时,其实也是在聆听两位海顿众多热情洋溢的学生中一个的声音。

## 18世纪80年代后期

1785年对海顿来说又是忙碌的一年。尽管他没有再为艾什泰哈齐宫创作新的歌剧，但是从1785年4月到11月他参与了89场歌剧演出,剧目涉及萨尔蒂、津加雷利、安弗希福西、史塔宾格与博洛尼亚的作品。他还重写并上演了《真正的坚贞》(原作曲谱毁于火灾),《阿尔米达》也再次演出。在艾什泰哈齐宫之外,海顿的歌剧也越来越受欢迎:1785年3月19日《无人岛》在维也纳城堡剧院上演,6月初,《忠诚受奖》又在普雷斯堡演出。赫赫有名的人物纷至沓来，就是为了见海顿一面:1785年10月,委内瑞拉革命领袖弗朗西斯科·德·米兰达将军(乔治·华盛顿的朋友)拜会海顿,两人对博凯里尼的音乐都有浓厚的兴趣,相谈甚欢。

海顿非常重视出版乐谱的准确性。1785年11月26日，他让阿尔塔利亚将新作的钢琴三重奏(Hob.XV:6—8)

的校样寄过来，印刷质量之差让他震惊错愕。1785 年 12 月 10 日，他致函阿尔塔利亚，声称正在考虑是否将所得酬金退回，改将这批三重奏售给柏林的出版商胡梅尔。最终阿尔塔利亚公司重新刻版印刷，将这些奏鸣曲更准确地呈现，事情才得到圆满解决。

1786 年的歌剧季是艾什泰哈齐宫有史以来规模最宏大的：从 1786 年 3 月 1 日到 1786 年 12 月 21 日，一共有 125 场演出。正因为演出负担沉重，关于海顿在这一年间其他活动的记录少之又少。1786 年，海顿与伦敦的威廉·福斯特签了一份合同，具体日期不详。合同规定，海顿有义务向福斯特提供 20 部交响乐、奏鸣曲以及其他作品。尽管忙碌如斯，海顿还是抽出时间，主持其他作曲家为艾什泰哈齐宫所作歌剧的重演，并插入自创的咏叹调；完成了“巴黎”交响组曲；还为那不勒斯的费迪南五世国王写了 5 部协奏曲，用于在风管七弦琴（一种手摇风琴）上演奏。大约在此期间，他还完成了一项非同寻常的作曲委托：西班牙的卡迪斯教堂请他根据基督被钉在十字架上所说的最后 7 句话，来创作一系列管弦作品（即《临终七言》）。这些作品拟用于在耶稣受难日，于光线黯淡的教堂中演出。海顿设计了 7 部“奏鸣曲”，每部大约 7 到 8 分钟，前后加上了一段序曲和终章的“地震”。海顿希望借此营造“一种振聋发聩的效果，哪怕对音乐一窍不通的听众也会被震撼”。应该说，他成功实现了这一目标。海顿据此改编了一部弦乐四重奏、一部键盘乐，并在 10 年后，写出完整的清唱剧版本。

1786 年的圣诞节，海顿在格拉茨度过，或许是为了走访他在艾什泰哈齐宫廷的老同事,前任单簧管乐师卡尔·考若斯。1787 年 1 月底,他已回到维也纳。其时,一个名不见经传的记者在克拉默的《音乐杂志》上撰文,声称听到了海顿为巴黎新作交响曲中的 3 部。1787 年 2 月 11 日,海顿致函阿尔塔利亚,表示他根据《临终七言》的乐章,已经改编出 4 部弦乐四重奏;三天后,再度从艾什泰哈齐宫发函,对作品刻印做出具体要求,明确提到每一部奏鸣曲前都应引用基督在十字架上的一句遗言。在信的最后,他不无惆怅地感叹俗务缠身:为了即将到来的歌剧季(共有 98 场歌剧演出),他加紧排练,根本无暇顾及个人创作。

1787 年 3 月 26 日,《临终七言》在维也纳约瑟夫施塔特郊区的奥尔斯佩格宫上演。海顿对这一新作以及“巴黎”交响曲信心满满;1787 年 4 月 8 日,他致信威廉·福斯特,商谈它们在伦敦的出版事宜。双方的信件往来持续了几个月。福斯特与活跃在伦敦的小提琴家威廉·克拉默着手运作将海顿请到英格兰。但此时的海顿,正斟酌着是否接受费迪南国王的邀请,前往那不勒斯宫廷。他还将“巴黎”交响组曲寄给普鲁士的腓特烈·威廉二世皇帝,皇帝非常高兴,于 1787 年 4 月 21 日亲笔回信,寄到艾什泰哈齐宫,并随信附赠戒指一枚。作为回报,海顿指示阿尔塔利亚将他最新弦乐四重奏 Op.50(包括大胆创新、半音丰富的 **Op.50,No.6,绰号为“青蛙”**的四重奏)的印刷本题献给这位普鲁士皇帝:

CD1 15

受此厚礼,吾深感有愧,唯有将此 6 部四重奏题献致敬（亦在举世瞩目之下），才能聊表谢意；如此贵公司想必会心生不满，因本拟自献，却不得已转赠他人。我保证再给您其他作品，且不收费用，以为补偿。

1787 年 7 月 19 日，海顿写信给伦敦歌剧经纪人约翰·加利尼，提出要为汉诺威广场大厅创作一部新歌剧，并协助运作音乐会。虽然二人在来往信件中，不断探讨海顿赴英事宜，却最终再次不了了之。这一时期海顿的信函中常常流露出商人的斤斤计较，其实他充分利用了尼古拉斯·艾什泰哈齐亲王赋予的自由，在整个欧洲推销自己的音乐；他给维也纳、伦敦和柏林出版商的价格经常是一样的。他坚信自己的作品要物有所值，这点无可厚非。加埃塔诺·巴尔托洛齐的父亲是伦敦著名的刻版画家，曾在 1787 年到过艾什泰哈齐宫。在巴尔托洛齐的笔下，海顿其时的生活寒酸困窘，让我们更能体会理解他与出版商锱铢必较的难处：

看起来，和先知一样，音乐家在自己的祖国往往得不到重视尊重，大名鼎鼎的海顿的机遇就印证了这一点……（海顿）所得到的唯一回报就是少得可怜的薪酬，就连伦敦最不入流的提琴手也不屑于接受；加上一间寒酸简陋的寓所，里面只摆着一张床和一架古旧的击弦钢琴。

1787 年间，海顿创作了两部引人注目的交响曲（《G大调第 88 交响曲》和《F 大调第 89 交响曲》）。到了年末，他不用再为艾什泰哈齐宫创作歌剧，而是应布拉格的弗朗茨·罗特之邀,献上一部意大利喜歌剧。海顿其实打心底乐意从他的喜歌剧中挑选一部，供罗特的私人之用,但他在信中直言:罗特如若打算将其上演的话,恕难从命;因为“我所有的歌剧都与我们私人生活圈子(艾什泰哈齐宫)密不可分;再有,我的歌剧因地制宜,换一个地方,效果也就出不来了”。于是海顿提出可以为布拉格量身打造一部全新的歌剧,并补充道:

如此一来，我将冒着声名扫地的极大风险，因为世间罕有能与伟大的莫扎特比肩的人物。我多么希望能够打动每一个音乐热爱者的心灵,尤其是名流显赫,让他们深刻意识到莫扎特的音乐是如此的独一无二、寓意深邃、巧夺天工、细致入微！……布拉格应该紧紧抓住他——还要奖赏他：如若不然，关于天才的历史必定留有遗憾。

在这封写给罗特的信中，海顿体现出对自己歌剧作品最真实的看法,以及他如何根据手上的演出力量来量体裁衣。但信中也透露出一条信息,他打算辞去这一委托,以提携命运多舛的年轻小友莫扎特。1788 年 5 月,海顿获得特批,前往维也纳观看《惩奸记》(这部黑色喜歌剧于 1787 年 10 月在布拉格首演),有机会为莫扎特的歌剧生涯助一把力。据说,在第一场演出结束之后,海顿参加了拉兹莫夫斯基亲王举办的宴会,席间时尚名流轮番攻击莫扎特此部作品(莫扎特本人并不在场)。海顿始终沉默不语,直到人们问他怎么看,他的回答掷地有声,让在场的批评者们哑口无言：“我无意冒犯，但我只知道一件事——莫扎特是当今世上最伟大的作曲家。”

艾什泰哈齐宫1788年的歌剧季共有108场演出，持续了整整1年，剧目包括奇马罗萨、萨尔蒂、法布里奇、普拉蒂、贝尔托尼、帕伊谢洛、比安基、安福西、古列尔米和博洛尼亚等名家之作。海顿的《阿尔米达》先后演了4次。1788年2月2日歌剧季拉开序幕，就在第二天，海顿致信德国奥廷根亲王的委托人，表达歉意，因为他不得不推迟交付德国亲王所定的3部交响曲。海顿解释道，他一直忙于创作那不勒斯费迪南国王的6部夜曲，还有艾什泰哈齐宫的一部新歌剧，实在分身乏术。这里海顿没有说实话，因为自1784年之后，他就再没有为尼古拉斯亲王创作过任何歌剧了。为了与客户周旋，他可谓找尽一切能想到的借口。在生意场上，海顿可以说是不择手段，这点从他1788年2月的信中可见一斑。1788年2月中旬，他致函阿尔塔利亚，感谢出版商赠的“优质乳酪”和香肠，并要求为他寄来C.P.E.巴赫的最后两部键盘乐作品。但到了1788年2月28日，海顿不得不处置棘手的局面：伦敦的两家出版商福斯特与朗文，都出版了号称是海顿独家授权的新作，形成了直接的竞争关系。海顿早料到会有这一出，便将所有过错都推到阿尔塔利亚头上，指责其为“放高利贷者的行径”，并告诉福斯特，自己再也不会与他打交道。可仅仅3个月后，他便出尔反尔，声称对这家维也纳的出版商有着难以割舍的忠诚和友谊（“我若是将这份情谊弃之如敝履，那岂不是太忘恩负义”）；到1788年8月10

日，他又信誓旦旦地告诉阿尔塔利亚："为您提供作品，从来都是我的荣幸。"至少这次他没有食言；1788 年底，他专门创作了几部钢琴奏鸣曲，交给这个被他折磨得焦头烂额的出版商。

艾什泰哈齐宫 1789 年的歌剧季从 2 月底开始，到 12 月 6 日亲王的命名日结束。海顿指挥了 92 场歌剧演出，但全都是别人的作品，哪怕他本人的重演剧目也没有一部。同样在这一年，莫扎特《费加罗的婚礼》的曲谱和词剧本送到艾森施塔特。显然海顿筹划着于来年歌剧季在艾什泰哈齐宫推出莫扎特的杰作，并亲自指挥。1789 年 3 月 8 日，海顿致信阿尔塔利亚，谈及他难得有机会来一趟维也纳，但就这么一次来之不易的出访还被尼古拉斯亲王拦腰截断。因为亲王厌恶首都，率领他的随员们直接返回艾什泰哈齐宫。就在返程的路上，海顿罹患"恶性黏膜炎"，随后的 3 周无法工作。但到 1789 年 3 月底，他利用一些"闲暇时光"完成了《C 大调随想曲》（Hob.XVII:4）。他对这部钢琴独奏狂想曲信心百倍，称其"品位高雅、独一无二、精工细作"，必然将好评如潮。他毫不怀疑自己的判断，亲自为阿尔塔利亚定下这部长曲的价格，24 个金币，少一个子儿都不卖。

如今海顿不再只为他的亲王殿下一个人创作谱曲，但他极有可能借艾什泰哈齐宫的演出来检验他的新作。尼古拉斯亲王对自己的乐队指挥一如既往地信任，专门在 1789 年 4 月 4 日下令，海顿在合同之外，还可以每年得到一头猪。第二天，海顿将自己新作的《C 大调钢琴奏鸣曲》（Hob. XVI:48）寄给莱比锡的出版商布赖特科普夫与黑特尔公司，还在信中抱怨"工作重负难堪"。他所谓的重负就包括同一天写信给巴黎的出版商，调解又一桩出版商之间的音乐侵权销售问题。

CD2 1

《降 E 大调钢琴奏鸣曲》（Hob. XVI:49）是献给他的密友玛丽安娜·冯·根辛格的。根辛格夫人是一位颇有天赋的业余钢琴家，她的丈夫是尼古拉斯亲王的私人医生（并深受玛丽亚·特蕾西亚女皇赏识，于 1780 年被提拔为贵族）。她懂乐理，能读交响乐曲谱，并改编成钢琴曲。从存世的信件来看，两人之间鸿雁往来最早能追溯到 1789 年 6 月 10 日，根辛格夫人将她改编自海顿交响曲一个慢板乐章的钢琴谱寄给海顿。信中，根辛格夫人坦承未曾得到旁人指点，完全是个人所作，请求海顿修改、指正，并代表全家（她育有 5 个孩子）向海顿致敬。4 天后，海顿回信，对玛丽安娜"出色"的钢琴改编曲不吝赞美之词，称其为"无可挑剔，可即付梓"。两人的友谊不断升温。海顿建议她买一台新的方形钢琴，代替旧的羽管键琴，并热心地给她女儿约瑟娃出谋划策，指导她如何演唱自己的康塔塔《阿里阿德涅在纳索斯》（Hob.XXVIb:2）。《阿里阿德涅在纳索斯》创作于 1789 年前后，是为威尼斯歌手比安卡·萨凯蒂所写，配合键盘乐器与女高音。该曲讲述了一个爱情悲剧，阿里阿德涅被特修斯抛弃，用音乐来哀叹自己的命运，先是悲伤消沉，然后愤怒爆发。鸿雁往来之间，海顿与玛丽安娜感情升温，但看起来两人只是柏拉图式的精神恋爱。

1789 年 7 月，法国大革命爆发。最初，海顿尚能置身事外。就在攻打巴士底狱之后几周，他还寄给巴黎的出版商让－乔治·希伯4部交响曲。1789年10月中旬，他寄给奥廷根亲王3部交响曲，距他接受委托的时间已过了一年半；在所附的信中，海顿提到尼古拉斯亲王虽然已年近古稀，对音乐的追求依然如饥似渴。在艾什泰哈齐，57岁的海顿日子过得称不上富足：根据记载，1789年11月初，他将一部弦乐四重奏（有可能是Op.55，No.2，f小调）卖给来访的英国音乐出版商约翰·布兰德，只换来几把新剃刀。不仅如此，布兰德还用非常便宜的价格买下了海顿尚未完工的弦乐四重奏Op.64。在他写给玛丽安娜·冯·根辛格的信中，可以看出艾什泰哈齐宫的日子是多么"凄凉孤独"。这封信写于1790年2月9日，海顿刚到维也纳参加完1月21日莫扎特新剧《女人皆如此》的彩排，并小住几天后返回艾什泰哈齐。

现在我又身处荒郊野外，形单影只，像一个孤儿，没有人来与我结伴。悲哀涌上心头，还有对过去那些美好时光的回忆，可惜这些日子都已不再，谁又能知道它们何时能够重来呢？那些美好的晚宴交际，整个圈子的朋友都是如此同心同德！还有所有那些美好的音乐之夜！先下只能够思念却无法言语形容！所有那些创作灵感都哪儿去了？一切都烟消云散了！这一切都一去不复返！

3天来，我简直不知道自己到底是乐队指挥还是"乐队仆人"。没有什么可以使我得到安慰。我的住所里一片混乱，我那曾经可爱的钢琴，现在也不听使唤了，它不能让我安静反而使我生气。我无法入眠，即便是梦境也在折磨我，我最喜欢做的梦就是在聆听歌剧《费加罗的婚礼》，但咆哮的北风偏偏把我吹醒，甚至差点把睡帽从我的头上刮下来。才 3 天我就瘦了 20 磅，脍炙人口的维也纳美餐早在路上就已经消化完了。是的，在这里的小馆子里吃饭的时候，我这样想，一块 50 岁的老牛筋取代了你们那儿娇嫩多汁的牛排……在艾什泰哈齐，没有人会问：“您需要来一杯热可可吗？需不需要加奶呢？咖啡需不需要加奶油？尊贵的海顿先生，乐意为您效劳，餐后的冰淇淋是要香草口味还是草莓口味呢？”要是我能搞到一片上好的帕尔玛干酪[①]该多好，尤其是在大斋节期间，只有这样，我才能勉强将那又黑又硬的布丁下咽！

几天之后，艾什泰哈齐 1790 年歌剧季拉开序幕。但奥地利帝国即将发生巨变。1790 年 2 月 20 日，约瑟夫二世驾崩，他的弟弟利奥波德继位。5 天后，当奥地利人还沉浸在国王去世的悲痛中时，尼古拉斯亲王的妻子玛丽·伊丽莎白在艾森施塔特去世。海顿很可能匆匆忙忙地为葬礼准备了安魂曲《安所追思弥撒》(Hob.XXIIb:1)。1790 年 3 月 14 日，在给玛丽安娜·冯·根辛格的信中，海顿提到他最仁慈的亲王近来心情悲伤，他必须多多做事。他还说：“王妃的辞世对亲王打击太大，我们得想尽办法、竭尽所能，让亲王殿下从悲恸中走出来。”

海顿努力帮助痛不欲生的尼古拉斯亲王——象征着他对这个服务了 28 年的资助人的厚意深情，但这一切并没有持续多久。1790 年 8 月，就在准备上演《费加罗的

① 帕尔玛干酪：一种用脱脂牛奶制成的有强烈气味的意大利硬干酪，通常磨碎做调料，佐面食。——译注

婚礼》的时候,75 岁的老亲王病重,艾什泰哈齐宫的歌剧季被迫叫停。为了接受更好的治疗,亲王被送到艾什泰哈齐家族在维也纳的宫殿,并于 1790 年 9 月 28 日去世。很少有人像尼古拉斯亲王一样对音乐艺术几十年如一日的支持;“爱辉煌者”尼古拉斯的辞世给海顿的生活带来了翻天覆地的变化。

# 第五章 海顿在英格兰（1791—1795）

## Chapter 5：Haydn in England（1791—1795）

# Haydn in England（1791—1795）
# 海顿在英格兰（1791—1795）

作为艾什泰哈齐家族新的领导人，安东亲王并非没有艺术细胞，也算不上吝啬小气，但他并不像其父那般痴迷于音乐和艾什泰哈齐这座耗资惊人的宫殿。在他继位之前，安东已经计划周详，准备砍掉乐队与歌剧院，以节约开支。为了纪念已故的尼古拉斯亲王，教堂的钟声响了 3 天。尼古拉斯亲王是哈布斯堡王朝的坚定拥护者，对海顿也不遗余力地支持。但在他尸骨未寒之际，安东亲王已经迫不及待地拿海顿的乐队开刀。他仅仅保留了吹奏乐团，为仪式庆典之用；海顿与托马西尼得以留任，年薪均为 400 盾，且都可以在外兼职。尼古拉斯亲王在他的遗嘱里没有忘记自己忠心耿耿的乐队指挥，他留给海顿一笔养老金，每年 1000 盾。

除此之外，艾什泰哈齐宫的庞大乐队以及剧团均被解散。歌剧团有 4 名歌手留在维也纳试用，其他人（包括海顿长期的情人路易奇娅·波尔策地）都回到意大利。许多乐师都选择回到维也纳，海顿也不例外；他匆匆忙忙离开艾什泰哈齐宫，大量珍贵文献及曲谱都没有携带。

我们可以想象,乐师们一方面为待遇收入的改变悲伤不已,另一方面又为终能逃离这座荒郊野外的洛可可豪华监狱而暗自庆幸。这座尼古拉斯·艾什泰哈齐亲王精心打造的难舍难分的夏日之宫,在他死后,顿时风光不再。自 1791 年 8 月之后,他的儿子安东就再未涉足此处。安东亲王将艾森施塔特的宫殿重新整饬,在这里和维也纳轮流居住。于是这座“匈牙利的凡尔赛”沦落成了奢侈的仓库,用来堆放艾什泰哈齐家族不要的家具;而歌剧院则于 1870 年拆除,华丽的花园与庄园也逐渐荒废。“二战”期间,它先是被德国军官占用,到 1945 年又被苏联军队变成战地医院,遭到野蛮破坏。宫廷里流传下来的家具、乐器(海顿肯定使用过)以及绘画被付之一炬,其中包括一幅海顿身着蓝色和金色制服的肖像画。所幸宫殿的整体结构保存完整,从 20 世纪 50 年代起逐渐开始修复。

1790 年 10 月,海顿回到维也纳,住在约翰·尼波默克·汉贝尔格家中,地址是水艺术堡路(今天的塞勒施泰特附近)。汉贝尔格在政府部门供职,海顿将其描述为“大高个子”,并称之为“我妻子的房东”。大约在汉贝尔格家中,海顿完成了几部那不勒斯的费迪南四世国王委托的夜曲,以及弦乐四重奏 Op.64。得益于尼古拉斯亲王遗嘱中留下的养老金,以及安东亲王所给的年薪,海顿无需工作,也衣食无忧。如今海顿可以回顾自己的音乐生涯,接受各方邀约,云游四海。尽管他的音乐在巴黎很受欢迎,但法国大革命的爆发让法国之行不切实际。那不勒斯国王对海顿的音乐推崇备至,肯定也曾邀请海顿前往意大利走一遭，在那里，他应该有机会作为一位歌剧作曲家而扬名立万。还有奥廷根亲王，如饥似渴地搜集海顿的作品，随时欢迎海顿到他德国中部的宫廷。格拉萨克维斯亲王（已故尼古拉斯亲王的女婿）在普雷斯堡为海顿提供了职位，但海顿婉拒了，出于对安东·艾什泰哈齐亲王的忠诚，因为在名义上仍然还是他的乐队指挥。

近 10 年来，海顿收到过无数个来自英国的邀请，其中有企业家、剧团经理和演出组织者。伦敦的音乐会是世界其他地方无可比拟的，而且有许多德语国家的音乐人活跃其中。在 18 世纪 80 年代，海顿的音乐在伦敦受到越来越多人的追捧，很重要一个原因就是约翰·克里斯蒂安·巴赫[①]和卡尔·弗里德里希·阿贝尔[②]组织的 1781 年伦敦音乐节中包含了海顿的第 53 交响曲（“至尊”）。巴赫辞世之后，阿贝尔力图独挑大梁，却没能再运作成功音乐会。到了 1782 年 7 月，第四世阿宾顿伯爵威洛比·伯蒂接手。伯蒂对外宣称，1782 至 1783 年度将有 12 场音乐会，而海顿已经签约加盟；但最终却无疾而终。伦敦的报纸则持续讨论海顿很快就要来英格兰的话题，而海顿的音乐作品在各种场合都很受欢迎，从伏克斯霍游乐园到汉诺威广场大厅。当关于海顿就要来了的消息一次又一次被证实是谣传，一些激进的仰慕者，在 1785 年 1 月 17 日的《每日广告报》上呼吁那些有责任感的不列

① J.C.巴赫：音乐大师 J.S.巴赫第十一子，因长期居住在伦敦，亦被称作“英国巴赫”“伦敦巴赫”。——译注

② 卡尔·弗里德里希·阿贝尔：出生德国音乐世家，与巴赫家族关系一直很好。作为一名杰出的音乐活动组织者和推广者，他与 J.C.巴赫在伦敦长期合作，取得很大成功。——译注

颠英雄们应该去把海顿绑架到英格兰来：

> 这个男人，非同一般，是音乐界的莎士比亚，我们这个时代的骄傲，却命运多舛，蜗居在一个德国亲王的宫殿里，得不到该有的奖赏，配不上他的荣耀。海顿……听天由命，对罗马天主教毫无二心，全身心投入仪式和典礼音乐创作。他幽居之所，比地牢好不了多少；服务的领主爵位不高，却独断专横；更有老妻叱责不断，喜怒无常，但他却坦然受之。若有三两青年志士，救海顿于水深火热，挟其来大不列颠，使其音乐得归其所，岂不是伟业一桩，不亚于跋涉朝圣。

上面对尼古拉斯亲王的指摘言辞激烈且毫无依据。实事求是地说，这段对海顿苦难生活耸人听闻的描述中，唯一丁点真相就是有关他的妻子。那些尝试将海顿请到伦敦去的人逐渐明白，海顿是不会千里迢迢远赴英伦的，因为尼古拉斯亲王两次出资为他重建艾森施塔特的宅邸，他深觉恩情太重，对亲王忠心耿耿、终生不渝。然而这些音乐推广人中，有一个却不达目的决不罢休，他就是出生于德国的小提琴家约翰·彼得·萨洛蒙。萨洛蒙正在欧洲大陆各国考察，物色新人歌手（有可能是受著名的国王剧院委托），得知尼古拉斯·艾什泰哈齐亲王逝世，他当机立断，改变行程，直奔维也纳。目的只有一个，就是游说海顿与自己一同返回伦敦。到了维也纳，萨洛蒙登门拜访海顿，开门见山就是这段名言："鄙人萨洛蒙，从伦敦来，必须将您请过去。明天我们就签合同。"

约翰·彼得·萨洛蒙，海顿的朋友兼经理人

两人一见如故，萨洛蒙让海顿打消了去那不勒斯的念头。据说，海顿应允萨洛蒙，只要安东亲王同意，他就随其前往伦敦。安东亲王爽快地给海顿一年的假期，其中或许有英国大使杰宁汉将军游说之功。1790 年 12 月 8 日，海顿和萨洛蒙为 1791 年的伦敦音乐节签下一份“合同”。萨洛蒙随即向几家伦敦报社发去急件，宣布他在汉诺威广场大厅举办的首个联票音乐会，已经成功邀请海顿加盟。汉诺威广场大厅的拥有者，约翰·加利尼也是国王剧院歌剧团的艺术经理。萨洛蒙劝说海顿为伦敦之行专门创作一部歌剧，并允诺 300 镑的价格。此外，海顿还得到保证，写 6 部交响曲获 300 镑（出版权另加 200 镑），音乐会上演出的其他20 部作品共 200 镑，还有一场“义演”，所得的 200 镑均归海顿。

海顿处理完与出版商阿尔塔利亚的业务，向失望的那不勒斯国王表达敬意与致歉，安排人以他的名义写或者寄出一些介绍信，希望在伦敦能派上用场。忙完这一切，海顿与莫扎特共进最后一餐。格里辛格记载了莫扎特是如何取笑海顿这次英国之行的，他说“您待不了多久，就会打道回府的，因为您真不年轻了”，海顿回答道：

“但是我仍旧精力充沛、身强体壮。”莫扎特还担心“海顿老爹”不懂外语,应付不了长途旅行,对此老者回应道:“全世界都能听懂我的语言!”晚餐过程中,在场的萨洛蒙借机邀请莫扎特等海顿返回后前往伦敦,但莫扎特1791年12月5日英年早逝,终究未能成行。1790年12月15日上午8点海顿离开维也纳,启程前往英格兰。据传记作家迪斯记载,分别之际,莫扎特泪流满面,竟一语成谶:“可能这是此生最后一次说再见。”如果记载属实,莫扎特的意思极有可能是指海顿熬不过这次长途旅行。

海顿与萨洛蒙搭乘驿站马车来到林茨[①],再到慕尼黑(碰到克里斯蒂安·卡纳比希,所谓“曼海姆乐派”的代表人物)。随后,他们又来到瓦勒施坦城堡,海顿拜访了奥廷根亲王,可能还亲自指挥了他的第92交响曲的演奏,该曲正是若干年前他献给亲王的。他们顺路走访了萨洛蒙的出生地波恩,在当地的选举法庭住了两晚,据说在礼拜日清晨,海顿听到当地教堂弥撒演奏自己的音乐,感觉震惊不已。正是在这次短途旅行中,当地前途远大的年轻作曲家路德维希·范·贝多芬被引荐给海顿。1790年12月31日,海顿一行抵达加莱(经由布鲁塞尔),此时海顿写了一封短信给玛丽安娜·冯·根辛格,直抒心中狂喜。就在新年元旦,早晨7点钟,他们横渡英吉利海峡。这是海顿有生以来第一次见到大海,他事后写道:“在整个渡海的过程中,我立在甲板上,好把这恶魔般的大洋看个仔细。”

① 林茨:奥地利北部城市,位于维也纳西部多瑙河畔。——译注

## 伦　敦

1791年1月2日，海顿抵达伦敦。他与萨洛蒙住进普尔特尼大街18号，并在马路对面的音乐商店拥有一间作曲室，而这家商店的所有者则是著名的钢琴工匠布罗德伍德。刚到没几天，海顿即致信玛丽安娜·冯·根辛格，描述海上的见闻（由于海上无风，船行甚缓；22英里的航程，耗时7个半小时）。他还提及拜访了那不勒斯和奥地利驻伦敦大使，以及让他受宠若惊的待遇：出席一场音乐会迟到了，却被隆重介绍给全场观众，并获得“所有人鼓掌欢迎……我敢说如此礼遇，过去50年间没有人享受过”。演出结束，他又被请到以他名义开设的宴会上。海顿深感荣幸，但也抱怨自己很难把心思放在创作交响曲上面，因为总被源源不断的来访者和临街的噪声打断思路：

我的到来让全城都沸腾了。一连3天，我在所有的报纸上轮番露脸。人人都想认识我……如果我愿意，可以天天赴宴；但我不得不首先顾忌我的健康和正事儿。除了贵宾之外，下午两点以前我不见任何来客。

英格兰人民近乎疯狂的追捧让海顿始料未及。也许是有生以来第一次，海顿意识到自己的音乐已经多么有名、受人敬仰。伦敦是当时世界上最大、最繁忙的都市，在这里他广泛结交各个阶层的朋友，如鱼得水、乐在其中。至今存世的“伦敦”笔记中，海顿记录下他对英国社会生活方方面面的观察。(诸如他从一名跑海上生意的商人那里学来的保存牛奶的方法；对鲜橙在11月中旬从葡萄牙海运到港口的描述；尝试解释“盖伊·福克斯之夜”的意义；还有各种禽类的价格。)从笔记中还能看出他与贵族阶层及富足的中产阶级往来甚密，从达官贵妇到形形色色的有趣人物，就像84岁的马奇先生，他是一名牙医，兼着造马车、卖红酒，还有一个比他小很多的情人。乔治三世国王非常喜欢海顿，甚至劝他在英格兰终老(效仿当年他的曾祖父乔治一世及祖父乔治二世双双以国士之礼待亨德尔)；王后则在温莎堡给他提供了一个套间。海顿还结识了第四世阿宾顿伯爵威洛比·伯蒂（大约10年前，曾尝试邀请海顿访英)，以及王储威尔士亲王(未来的乔治四世)。萨洛蒙考虑细致周到，非常称职地引领刚到个把月的海顿成功融入伦敦社会。在萨洛蒙的安排下，海顿很快就与著名的音乐史学家查尔斯·伯尼见面。伯尼无比激动，将他的4卷本《音乐简史》的精装本赠给海顿。

查尔斯·伯尼

安顿下来后，海顿立即投身歌剧《哲学家的灵魂》(如今更常用另一个名字《奥菲欧与尤丽狄茜》)的创作。与此同时，萨洛蒙完成汉诺威广场大厅音乐会最后的筹

CD2 2

备工作。在1791年1月8日给安东·艾什泰哈齐亲王的信中，海顿兴高采烈地谈及这部新作歌剧，告诉亲王奥菲欧一角将由著名男高音吉亚科莫·戴维德担纲。然而，海顿最后一部意大利歌剧却命运多舛：虽然它顺利完稿，能够在3月按原计划上演，但演出场地却出了问题，国王剧院的重建工程如期完工，但约翰·加利尼没能拿到必要的演出许可证。这其中乔治国王的态度在作祟，他支持另一家在万神殿剧院的歌剧公司，两者之间的竞争关系或许导致了加利尼的厄运。值得一提的是，虽然演出受挫，加利尼却依然遵守承诺，给海顿在一家维也纳银行存入5,000金币的费用。而这时的海顿正忙于参加私人音乐会，出席公众音乐盛会，或者教贵妇小姐们学习音乐。

1791年3月11日，海顿的12场联票音乐会在汉诺威广场大厅二楼宽敞的音乐厅拉开序幕。这比最初设想的要稍晚一些：整个音乐节从1791年2月一直到1791年5月，包括每周一萨洛蒙与海顿在汉诺威广场大厅的音乐会，还有他们竞争对手“专业音乐会”每周五的演出。歌剧安排在每周二的国王剧院和周六的万神殿剧院，而周三在托特纳姆街音乐会的主题则是“怀旧”。每隔一周的周四，古典音乐学院在共济会大厅表演亨德尔、杰米尼亚尼、科雷利、格劳恩和约梅利等古典大师的作品。海顿理所当然出席了古典音乐学院的音乐会，并借此机会与伯尼建立深厚的友谊。

汉诺威广场大厅1775年对外开放，可容纳800名观众，并以优异的音响效果而闻名遐迩。在1月15日的

《每日广告报》上萨洛蒙宣布："海顿先生将每晚新作一曲，并弹奏羽管键琴，指挥演出。"可惜由于新歌剧流产导致的延迟，整个音乐节期间海顿只创作了两部新的交响曲（第95与第96）。萨洛蒙的冒险还需时日方有成效。因为男高音戴维德受合同约束，必须在歌剧首演后方能踏足音乐会，所以海顿—萨洛蒙音乐会被迫推迟。与此同时，专业音乐会组织心生嫉妒，四下散播谣言，说海顿已经江河日下了，属于过气人物。其实若干年前，该团体就尝试将海顿请到伦敦；哪怕在攻击海顿的时候，他们还一直在演奏他的音乐，并乐此不疲。经过如潮的宣传攻势之后，海顿—萨洛蒙联票音乐会门票的预定情况没有预期乐观，这多少让萨洛蒙郁郁寡欢。然而，他们音乐会的高质量引得一致好评，甚至连一向反复无常的伦敦报纸评论员们也频频叫好。第一场海顿—萨洛蒙音乐会结束后，《纪实晨报》不吝赞美之词，称之为"非同一般的音乐盛宴"：

> 对任何一个能够被音乐打动的人来说，毫无疑问，海顿绝对值得敬仰，甚至顶礼膜拜的；和我们的莎士比亚一样，他随心所欲地调动、操纵激情。无论多么挑剔的耳朵，也对他新作的大序曲无可指摘……甚至超过他自己的成就。

这里所说的"大序曲"可能是指海顿的《G大调第92交响曲》。还有人赞美海顿在伦敦的首演为"精美可口的筵席"。之所以取得众口交赞，也与伦敦这支极其出色的管弦乐队不无关系。1791年的音乐节，该乐队有约40名乐师，供海顿调遣，这差不多是艾什泰哈齐宫乐团规模的两倍；到了1795年音乐节，规模扩大到60人左右。海顿—萨洛蒙音乐会以交响乐和小型器乐作品（如奏鸣曲）为主打，配以咏叹调、康塔塔等声乐作品（由著名歌手戴维德、南茜·斯托拉斯——莫扎特剧中苏珊娜的第一位扮演者等担纲），是典型的混合编排。其他作曲家的作品与海顿的音乐交映生辉。在这些音乐会上，海顿弹奏钢琴来伴奏。而报纸广告中提到的“羽管键琴”只是一种传统的叫法，并非该乐器准确的称谓。他还与萨洛蒙共同指挥，萨洛蒙用“克雷蒙那人”[①]小提琴献艺，这把16世纪的名琴一度属于科雷利。

1791年3月14日，海顿致函远在维也纳的老情人路易奇娅·波尔策地。路易奇娅的妹妹特蕾西娅·奈格里正在伦敦献唱，海顿托她给路易奇娅捎一些钱，以及向其病重住院的丈夫转达慰问。4天之后，海顿再次于汉诺威广场大厅献艺，这次表演的曲目包括他弦乐四重奏Op.64中的一首。到4月中旬的时候，萨洛蒙演唱会已经“一票难求”（《纪实晨报》，1791年4月9日），而《每日伍德福尔纪实报》对海顿新作的“伦敦”交响乐组曲中的一部赞不绝口，誉其为“展示了他天才技艺的如火激情与完美无瑕”。海顿在伦敦还表演了几部夜曲，均是为那不勒斯国王所作；他与伯尼等几个友人用一整天表演了《临终七言》。1791年5月16日星期一，在一场额外增加

① “克雷蒙那人”：制琴大师安东尼奥·斯特拉迪瓦里的作品，因其出生地为克雷蒙那，故此得名。——译注

的义演上，男高音戴维德演唱了海顿新创作的一首咏叹调，由双簧管和低音管伴奏（今已失佚）。汉诺威广场音乐厅能容纳 800 名观众，那一天涌入了约 1500 人。在 1791 年 5 月 18 日的《纪实晨报》上，海顿特意发表一则声明，向忠实的听众们表达谢意：

海顿先生受宠若惊，这个国度他向往已久，如今对他更是恩宠有加……倘若不能在第一时间向全体英国人民表达他最衷心的致谢，那就是忘恩负义、于心有愧……感谢你们在海顿音乐会上展示的如火激情，你们对海顿的偏爱与认可，是他坚强的后盾，给他无尽欢乐的回忆，并终生难忘。

1784 年亨德尔纪念音乐会上威斯敏斯特大教堂一瞥

1791 年 5 月最后一周，海顿出席了在威斯敏斯特大教堂举办的亨德尔音乐节演出。他所坐的包厢就挨着英国皇室，聆听了清唱剧《以色列人在埃及》与《弥赛亚》，还有《爱丝苔尔》《扫罗》《犹大·马加比》和《狄波拉》选段，英国国王加冕颂歌《祭司撒督》及若干管风琴协奏曲。海顿曾经接触过亨德尔的音乐，或许是在维也纳的戈特弗里德·范·斯韦顿男爵的礼拜日下午音乐会上。但在英格兰，演出的规模之大，受众之广，让海顿惊叹不已、为之折服。这些巨型表演有超过1000名表演者参与（比亨德尔在1732年到1750年末亲自指挥清唱剧演出多出了950余人）。据海顿的朋友威廉·希尔德后来回忆，尽管海顿早就了解亨德尔的作品，但也坦承自己“先前连亨德尔音乐的一半魅力都没有领悟到，直到这次的体验”。（作为回应，希尔德将亨德尔最后一部原创清唱剧《耶弗他》寄了一份给海顿，供他参考研习亨德尔清唱剧中的宣叙调。）海顿传记作家朱塞佩·卡尔帕尼声称，当海顿听到亨德尔的音乐：

> 他呆若木鸡，仿佛回到了创作的初学阶段，好像此时他什么都不懂。他潜心研究每一个音符，从那些曲谱中汲取真正恢宏壮阔音乐的精髓。

也许就是从这时起，海顿开始领悟到亨德尔清唱剧模式所具备的力量，那与剧情相关的宣叙调，令人叹为观止的独唱咏叹调及气势恢宏的合唱。

1791年6月3日，这一季最后一场萨洛蒙—海顿音乐会上演。尽管刚开始时让人担忧，但整个12场联票音乐会无疑是巨大成功，1791年6月8日出版的《先知报》不吝赞美之词：“这场音乐盛宴完全可以夸口，其格调档次无可比拟……每个和弦爱好者都对下一季翘首以盼。”在媒体一致的恭维追捧之下，萨洛蒙不费吹灰之力，说服海顿续签一季。5月中旬，海顿在牛津引发了一

场骚乱,起因是他由于彩排而错过了在霍利韦尔音乐厅的表演。几天后,海顿通过当地报纸道歉,并补充道:

牛津大学声名远播,吾在奥地利便仰慕已久,在本人离开英格兰之前,必不可错过,定要寻机一探。

1791年7月他兑现了自己的承诺。伯尼与威廉·海斯教授相商,决定授予这位来自奥地利的尊贵客人荣誉博士。大约60年前,亨德尔婉拒了类似的头衔,传为佳话;但这两位伟大的作曲家都为牛津大学的观众献上了音乐盛宴,地点均在牛津大学的谢尔德厄安剧院,系克利斯托弗·雷恩于17世纪60年代末期修建。1791年7月7日的演出既有器乐也有声乐,其中包括备受欢迎的**《第92交响曲》**,该曲在19世纪得了一个别名"牛津"。 CD2 3
1791年7月8日,海顿接受博士头衔,登记"艾什泰哈齐亲王的作曲师"。4天后,《每日广告报》这样报道:

……海顿走上台,向鼓掌的观众致意,他拎起身上的博士袍,展示给人们看,这是今晨他被授予荣耀的证明。海顿没有开口说话,却更能表明他激动的心情,台下再次响起雷鸣般的掌声……

海顿的笔记描述了仪式的过程,为了让铃声响起,他不得不掏一个半畿尼[1];为了那一身袍子,又多出了半个畿尼。但这个博士头衔显然对他意义重大。从此以后,

① 畿尼:英国旧时货币,价值相当于一镑一先令。——译注

他在往来文书中常自称为“音乐博士”。

1791 年 8 月 4 日，海顿致信路易奇娅·波尔策地。在此之前，他从路易奇娅·波尔策地的信中得知她的丈夫安东尼奥因旧病不愈，撒手西去。海顿在回信中表达了对波尔策地的同情，并再三申明他现在无法继续给她寄钱了。这封信传递了一个明显的信号，路易奇娅与海顿曾私下相约，待两人皆孤寡一身，便共结连理，但显然，此时两人的秘密恋情已经降温。想象一下，海顿已找到一个更加迷人、更如影随形的新情人——美艳的寡妇蕾贝卡·史洛特。16 年后，海顿向他的传记作家迪斯展示了二十几封信件，都是英文，乃蕾贝卡·史洛特所写，并解释道：“……她那时尽管已经年逾 60，但仍然美丽妩媚、风韵犹存。假如我当时是单身汉的话，娶她没一点问题。”

1791 年 8 月，海顿应银行家纳撒尼尔·布拉西之邀，到其在赫特福德郡的乡间庄园做客。海顿住了整整一个月，漫步乡间，提高英语水平，并目睹到富裕主人的古怪举止：两人谈及海顿早年的困顿与银行家优越的生活，布拉西突然歇斯底里，叫嚷着要饮弹自尽，只因为他刚刚意识到这个世上还有如此多的贫穷困苦，而他过着纵情声色的日子，并非真正幸福。

1791 年 9 月 17 日，海顿在给玛丽安娜·冯·根辛格的信中透露，他打算在英国多住 8 到 10 个月，并暗示他很享受无需为奴的自由生活。可他刚收到安东·艾什泰哈齐亲王的来信，亲王非常不满，因为海顿离开的时间太久，远远超过了最初的约定。现在海顿进退两难：一方面他刚在伦敦和萨洛蒙签了新合同，有约在身；一方面他又担心丢掉安东亲王宫廷的职位(就算他在整个欧洲家喻户晓,在经济上还是没有保障的)。亲王本想让海顿为艾什泰哈齐宫创作一部正歌剧,以庆祝其1791年8月就任欧登堡总督。但最终他还是同意海顿继续待在伦敦,转而聘请约瑟夫·魏格尔提供歌剧,并从维也纳请来演员。

大约在1791年秋,专业音乐会派出6名代表,到伦敦拜访海顿,开出巨额报酬,诱海顿转投他们社团。海顿不为所动,对萨洛蒙和加利尼忠心不二。专业音乐会恼羞成怒,造谣中伤海顿,说他江郎才尽,再写不出新曲,并邀请海顿当年的学生伊格纳茨·普莱耶尔代替。如果专业音乐会此举意在掀起师徒二人之间的恶性竞争与仇恨对立,那他们的算盘完全落空了:普莱耶尔和海顿始终亲睦友好(普莱耶尔抵达伦敦后,两人就在平安夜共进晚餐);在随后的音乐节中,两人的系列音乐会上都推出了对方的曲作。

1791年11月24日,应新婚的约克公爵夫妇之邀,海顿到他们美丽的乡村庄园奥特兰茨住了两天。在此期间,威尔士亲王下令让约翰·郝普勒为海顿绘制肖像画(该画现为英国王室收藏)。一周后,海顿来到距伦敦100英里的兰厄姆,与帕特里克·布莱克爵士一起小住3天。在去的路上,他走访了剑桥,那里的学院、花园、桥梁以及国王学院的礼拜堂的拱顶天花板[①],均让他惊叹不已。回到伦敦后,海顿于1791年12月5日在笔记本上记录,

① 国王学院礼拜堂是剑桥古建筑的典型代表,从亨利六世时期开始修建,耗时近百年完成。——译注

伦敦大雾弥漫，遮天蔽日，虽然已经上午 11 点钟，但他还得点灯才能继续谱曲。他并没有意识到，就在几个小时前，莫扎特与世长辞。1791 年 12 月 20 日，噩耗传到伦敦，海顿痛不欲生。同日，他写信给玛丽安娜·冯·根辛格，称："100 年内再无此天才人物！"他一边筹备即将在汉诺威广场大厅举办的系列音乐会，一边致函莫扎特的朋友、同为共济会员的约翰·迈克尔·普赫贝格，表示"无法相信上帝竟会将这样一个无法取代的人带到另一个世界"，并告诉普赫贝格自己已经写信给康斯坦策，要不计报酬教莫扎特的儿子卡尔作曲。伯尼记录的一则轶事也印证了海顿的慷慨援助：遗孀康斯坦策将莫扎特未编辑整理的遗稿出售，有伦敦的音乐买家问海顿是否值得购买，他这样回答："毫不犹豫，全部买下来。莫扎特是一位真正的音乐大师。朋友们常常恭维我有些许天赋，与他相比，简直是天壤之别。"

这种谦逊的态度是典型的海顿风格，但事实绝非如此。在伦敦的第二个音乐节，海顿创作了 4 部气势恢宏的新作（第 93、第 94、第 97 和第 98 交响曲），一部小提琴、大提琴、双簧管和低音管的"交响协奏曲"。1792 年 1 月 17 日，他在给玛丽安娜·冯·根辛格的信中提到自己不得不准备大量新作，"殚精竭虑"，并抱怨"我这辈子从没像去年那样，一年写这么多作品"。他的新欢，蕾贝卡·史洛特在一封标有 1792 年 2 月 8 日的信中表达了她的担忧——海顿事务缠身，已精疲力竭。尽管如此，他还在百忙中抽出时间，为音乐出版商威廉·纳皮尔改编相当数量的苏格兰民歌，此举完全出于慈善目的，因为作为

12 个孩子的父亲，纳皮尔刚刚宣布破产。

1792 年 2 月 13 日，托马斯·哈代所绘海顿画像的雕刻版正式发行（原作绘于 1791 年，现藏于皇家音乐学院）。在此之前，萨洛蒙已在伦敦报纸上宣布，12 场联票音乐会的门票销售预定将在 1792 年 2 月 17 日启动，并称“海顿博士将全程加盟，每场呈献一部新作，并亲自演奏强音钢琴，来指挥演出”。1792 年音乐节的第一场萨洛蒙—海顿音乐会包括《D 大调第 93 交响曲》的首演，而第二天的《先驱晨报》就宣布其将成为“精美绝伦之作”，从而证明海顿的天赋灵感“和以前一样源源不绝”。

1792 年 2 月 24 日，海顿的戏剧合唱《风暴》首演。这部作品可能是为了回击竞争对手的污蔑，说海顿对声乐作品并不擅长。他还被指摘对键盘乐器“蹩脚”，在随后的 1792 年 3 月 2 日的音乐会上，他用同样的方式反驳：《降 B 大调第 98 交响曲》首演，海顿亲自上阵，技艺娴熟地演奏了终章一小段钢琴独奏。塞缪尔·韦斯利听过之后，将海顿的钢琴演奏描述为“干净、明快、无可指摘……演奏准确无误、细致入微”。海顿还保证将参加他当年学生的全部音乐会，并为之喝彩捧场，借此来化解与普莱耶尔及专业音乐会之间的竞争。

伦敦公众为萨洛蒙—海顿音乐会而疯狂，但我们的作曲家已年近 60，压力过重。1792 年 3 月 17 日，他采用放血疗法来促进健康。6 天后，亲自指挥**《G 大调第 94 交响曲》**（绰号“惊愕”，据说是乐队的长笛手安德鲁·阿什给起的）的首演。1792 年 3 月 24 日的《先驱晨报》如此描述这部交响乐：“它异乎寻常地简单，却蕴含无穷变化， CD2 4

变调精巧完美,效果引人入胜。音乐批评界一片嘉许,为之疯狂。”海顿在第二乐章的行板乐段突然加入响亮的和弦,据说是为了“惊醒打瞌睡的贵妇们”。

还没到 4 月, 海顿和萨洛蒙已经开始商议是否留下来,继续 1793 年的音乐节。出于稳妥起见,海顿觉得还是应该先看看安东·艾什泰哈齐亲王的态度。1792 年 4 月 10 日, 他在给亲王的信中表示自己迫不及待地想回来“继续为我宽宏仁慈的亲王阁下效劳”。很快,他得到消息,亲王希望海顿能出席弗朗茨二世在法兰克福的加冕典礼。与此同时,海顿为新作《C 大调第 97 交响曲》废寝忘食地工作, 常常连续 5 个小时创作没有片刻停歇。该曲第一次亮相可能是在 1792 年 5 月 3 日的义演音乐会上,该场义演让海顿有 350 镑的进账。1792 年音乐节最后一场海顿—萨洛蒙联票音乐会在 1792 年 5 月 18 日举行,但 3 天之后,海顿在萨洛蒙的义演音乐会上友情客串。1792 年 5 月 22 日,他写信给路易奇娅·波尔策地,言辞委婉, 告诉她是不可能在伦敦谋得歌手职位的,并提到“英国人希望我留在这儿,但现在不行,因为我的头等大事就是回家,把所有事情理顺”。

又办了几场音乐会之后,这一季在 1792 年 6 月 6 日正式落下帷幕。第二天,海顿出席了圣保罗大教堂的儿童慈善年会,并聆听 4000 名儿童齐唱圣歌,自然感动得他热泪纵横“像个孩子”。1792 年 6 月 14 日,他参观了温莎堡,并到附近的阿斯科特观看了著名的赛马。返回伦敦时,顺路拜访了斯劳的天文学家威廉·海舍尔博士(天王星发现者,曾是一名职业双簧管乐手,兼颇有实力的作曲家)。与此同时,海顿与蕾贝卡·史洛特感情日益升温;可能正是这个原因,海顿一直拖到7月的第一个星期,才动身离开英格兰。按照与安东亲王的约定,他直接赶赴法兰克福,顺路游览了波恩周边的温泉小镇巴特哥德堡,并再次邂逅贝多芬。海顿与贝多芬仿佛协商一致,这位才华横溢的年轻音乐家将在1792年11月份到维也纳找海顿拜师学艺,然后他俩携手前往伦敦,参加1793年的音乐节。

## 重返维也纳

1792年7月24日前后,海顿回到维也纳,仍旧入住约翰·尼波默克·汉贝尔格府邸。彼得罗·波尔策地(路易奇娅之子)先来到维也纳,住在海顿这里,跟着他学习。1792年10月,贝多芬也来了,他俩一起在海顿的指导下,开始正规的乐理学习。贝多芬着手简单的赋格练习,所用的教材有可能是福克斯的《一步走到巴纳斯山》(与当年海顿使用的一样)。后来,贝多芬抱怨海顿总是太忙,根本没有给他提交修改的练习足够的重视。正如H.C.罗宾斯·兰登所说,两人的关系"疑云密布、跌宕起伏",而海顿与莫扎特之间则是"晴空万里,相互提携"。

1792年11月25日,海顿为视觉艺术家协会慈善假面舞会捐献了12部"德国舞曲",以及12首米努埃小步舞曲;皇后芳心大悦,要求海顿将它们改编成钢琴曲。快到年末的时候,萨洛蒙与伦敦的音乐爱好者都盼望着海顿及时归来,出席1793年的套票音乐会。但拿破仑战争蓄势待发，大部分欧洲国家动荡不安，更直接的问题是，海顿得给鼻部的息肉动手术。不知是这息肉折磨得他不得安宁，抑或只是一个借口，总之他将回归英格兰推迟到来年，这也让他有更多的时间，能够为第二次伦敦冒险准备新的曲作。重返伦敦之前，他完成了6部弦乐四重奏（Op.71和Op.74），第99交响曲，《G大调第100交响曲》的二、三乐章（“军队”），以及第101交响曲主体（“时钟”）。

1793年1月20日，在法国的路易十六被送上断头台前一天，玛丽安娜·冯·根辛格去世。失去这样一位亲密朋友和忠实支持者，让海顿痛不欲生。直到1793年3月15日，他强打精神，在维也纳雷德滕萨尔的小音乐厅里组织了若干部“伦敦”交响组曲的演出。夏天，他和贝多芬在艾森施塔特度过，并将贝多芬介绍给艾什泰哈齐宫廷。两人的关系变得紧张，带贝多芬去伦敦的原计划仿佛已经落空，但海顿还是提携困境中的年轻天才，帮他建立与贵族们的人脉关系：艾什泰哈齐贵族是最早一批订购《贝多芬钢琴三重奏》Op.1的。海顿也将彼得罗·波尔策地带到了艾森施塔特，作为乐队指挥，他其实没多少事情要管。1793年6月20日，他写信给路易奇娅·波尔策地，对她不停索要金钱的做法表示不快：

> 不要忘了，您的儿子在能挣钱养活自己之前，得耗费我多少财力……不要忘了，我已年逾花甲，记忆力衰退，无法再像以前那样卖力工作。

海顿经济上的压力也来自他渐行渐远的妻子，她搬到维也纳郊区宫本多夫的一所小房子，向海顿索要2,000盾把房子买下来,好在这里独自安享晚年。起初海顿没有答应,后来他亲自到维也纳,看了看房子的情况。地段安静,还带一个不错的小花园,海顿很喜欢,便买了下来(约在1793年8月中旬),并加盖了一层。

1793年11月23日,海顿致信贝多芬的雇主科隆选帝侯[1],向他汇报年轻音乐家的进展,并预言"假以时日,贝多芬将位居欧洲最伟大的作曲家之列,而我将以做过他的老师为荣"。与此同时,海顿正誉满维也纳,他的音乐深受欢迎,其中就包括《风暴》的改编版(配有德语唱

戈特弗里德·范·斯韦顿男爵

① 选帝侯:有权参加选举神圣罗马帝国皇帝的日耳曼王侯。——译注

词，可能是戈特弗里德·范·斯韦顿男爵所作）。1793 年 12 月 22 日到 1793 年 12 月 23 日的音乐艺术家社团的圣诞音乐会上，海顿亲自指挥了该剧的演出。就在这前后，范·斯韦顿男爵——巴赫与亨德尔音乐的狂热崇拜者——开始游说海顿考虑传承亨德尔的精神与手法，创作一部不朽的清唱剧。1793 年 12 月 28 日，斯韦顿主办了亨德尔《亚历山大之宴》的演出，剧本改编可能就是海顿操持的。一个是作曲家，一个是鉴赏家，两人惺惺相惜，海顿第二次远赴英伦时，所乘坐的舒适马车，就是男爵送的礼物。

## 再访英格兰

这次安东亲王不愿再放海顿去伦敦了，据说还暗示海顿已经功成名就，不必再去折腾。然而，乐队指挥给出了充足的理由：他必须兑现和萨洛蒙的承诺。安东亲王最终让步。海顿安排贝多芬转到对位法大师约翰·格奥尔格·阿尔布雷希茨贝格那里学习（其实这位年轻人对海顿不满，早已偷偷拜在作曲家约翰·申克门下）。1794 年 1 月 19 日，海顿从维也纳出发，同行的还有抄谱员兼听写员约翰·弗洛里安·艾斯勒。他们顺着莱茵河而下，穿过荷兰，经由威斯巴登到加莱，于 1794 年 2 月 5 日抵达伦敦，借住在波利街 1 号（圣詹姆斯宫），就挨着汉诺威广场大厅，到蕾贝卡·史洛特在白金汉大门的府邸只需步行 10 分钟。这或许解释了在第二次旅居伦敦期间，海顿和寡居的英国情人之间为何没有书信存世。

此时专业音乐会已然解散,海顿—萨洛蒙 12 场联票音乐会至少有 10 场的票房是遥遥领先。萨洛蒙已经通过报纸宣布:他的系列音乐会将从 1794 年 2 月 3 日拉开序幕,每周一上演(受难周与复活节期间除外),海顿博士携新作加盟,并亲自指挥。可海顿到伦敦晚了,开幕式被迫推迟到 1794 年 2 月 10 日, 但丝毫不妨碍听众们为新作《降 E 大调第 99 交响曲》而疯狂。《纪实晨报》不吝赞美之词:

这是我们见证过的最气势恢宏的艺术展示。它充满奇思妙想,音乐本身新颖别致,而且磅礴大气、震人心魄;它调动起每个听众的情绪,为之所动。——结束后,雷鸣般的掌声铺天盖地。

萨洛蒙不仅为法国避难而来的音乐家提供工作,而且还慷慨地将他本人担纲的首席位置让给意大利小提琴大师乔瓦尼·巴蒂斯塔·维奥蒂。音乐会不论是口碑还是票房都延续成功,但维也纳传来的消息让海顿心烦意乱。1794 年 1 月 22 日,海顿离开维也纳没几天,他的雇主暴病而亡,享年 56 岁。安东的儿子,亲王尼古拉斯二世成为艾什泰哈齐家族新的领导者。他热衷于艺术收藏,拥有柯勒乔、拉斐尔和克洛德·洛兰的画作。新任侯爵希望将家族在艾森施塔特的主宫重新设计,而且很快表达了要恢复音乐传统的意愿。

与此同时, 在伦敦, 海顿和萨洛蒙迎来了著名男低音路德维希·菲舍尔(莫扎特在《后宫诱逃》中专门为其打造了奥斯明一角)的加盟。这让汉诺威广场大厅的音乐表演更加丰富多彩。1794 年 3 月 3 日,海顿的《D 大调第 101 交响曲》(“时钟”) 首演，再次掀起观众的热情。《纪实晨报》赞其为“灵感永驻、无与伦比、至高无上的海顿！”1794 年 3 月 31 日,《G 大调第 100 交响曲》(“军队”)首演,获得类似的盛誉。海顿达到他伦敦音乐生涯的顶峰。1794 年 4 月 7 日,该曲重演,第二乐章快板被《纪实晨报》描述为将“战争发自地狱的吼叫”升华为“惊心动魄的崇高的美”!

海顿的音乐广受欢迎，甚至入选了在共济会大厅举办的古乐学会的音乐会曲目(萨洛蒙当时是古乐学会的临时导演，可能借机将一位当代作曲家的作品塞了进来)。1794 年 5 月 2 日,海顿举办义演音乐会,现场座无虚席;10 天之后,又是 12 场联票音乐会的最后一场。接下来半个月,他忙着参加其他音乐家的义演,很快又陷入没完没了的钢琴奏鸣曲、三重奏和短歌创作中。1794 年 6 月 3 日,其中 6 首短歌(称作“小调”)由伦敦的科里杜塞克公司出版。一周后,海顿目睹了一群醉汉疯狂地庆祝英国海军对法国舰队的胜利,场面的混乱让他震惊不已。

余下的一年,海顿环游英格兰,日子过得闲暇舒适。1794 年 7 月 9 日,他参观了汉普顿宫,感叹其瑰丽的花园可与艾什泰哈齐宫的相媲美。他又来到朴茨茅斯,看到海军上将理查德·豪凯旋后,作为战利品,拖回来的法军战舰残骸,深受震撼。他还去了怀特岛,对温切斯特的大教堂赞赏有加。1794 年 7 月 15 日,他已返回伦敦,并

约瑟夫·海顿肖像画，G. 但泽1794年绘，海顿自称最像自己的一幅

应邀游览了伦敦银行，在伦敦塔的秘密动物园险遭老虎袭击。1794年8月伊始，他来到温泉胜地巴斯小镇，与已隐退的著名阉人歌手劳齐尼（莫扎特曾为其量身打造经文歌《喜悦欢腾》）同游，迷上了那里美妙的建筑。1794年8月6日，他途经布里斯托尔，喜欢该地饮水甘洌，却发现这座城市本身并不干净。20天后，他应查尔斯·理查爵士之约，来到其在法纳姆的领地，并参观那里的古修道院遗迹。海顿蓦然意识到这里曾属于他敬奉的天主教。

1794年9月9日，他拜访阿宾顿伯爵在牛津附近的领地，可能还在那里创作了《领海》的两个英语清唱剧风格的乐章。1794年10月13日，他出席考文特花园的《哈姆雷特》演出，一个月后，又来到普雷斯顿（属于希钦，在赫特福德郡），向主人威廉·阿斯顿爵士献上两首长笛与大提琴嬉游曲。

萨洛蒙与海顿已经公开宣布，海顿将在伦敦再办一季音乐会。随着安东亲王辞世，仿佛也没有必要急急忙忙赶回维也纳。然而，在1794年年中的时候，海顿收到艾什泰哈齐家族新领导人的一封信：亲王尼古拉斯二世希望挽留为他们家族效劳终生的乐队指挥，并打算重建宫廷乐团。出于对艾什泰哈齐家族的忠诚，以及知恩图报的想法，海顿决定在履行完伦敦方面的约定后，随即返回任职，尽管在伦敦所得的丰厚收入是别处无法相比的。

但1795年的音乐节未能如期举办。萨洛蒙在汉诺威广场大厅的音乐会难以为继，尤其是在这样动荡的年代，很难找到愿意涉险从海外来表演的歌手与音乐家。萨洛蒙决定与一家新成立的、叫“歌剧音乐会”的公司合作，并于1795年1月通过多家报社宣布，两家强强联手，将推出9场联票音乐会，隔周一次，就在干草市场的国王剧院旁的音乐厅。海顿仍然是最大的卖点，但已转为常驻作曲家，与比安基，钢琴大师克莱门蒂，和著名歌剧作曲家马丁.Y.索勒尔并称。为进一步增强实力，塞缪尔·阿诺德博士被选为唱诗班指挥，他曾编辑、改编亨德尔的作品，经验丰富；威廉·克拉默（来自解散的专业音乐会，曾是萨洛蒙的竞争对手）被任命为管弦乐队的指挥;音乐总监则由维奥蒂担纲。管弦乐队的规模也扩充到60人左右，包括约35件弦乐器,24件管乐器(长笛、双簧管、单簧管、低音管、小号与圆号),和定音鼓。

1795年2月1日,音乐节开始前夕,海顿应威尔士亲王之邀,出席在约克公爵府上举办的音乐活动。王室成员大多出席,在表演间隙,海顿被正式引见给国王乔治三世。有目击者后来记录:

> 陛下说(用英语):“海顿博士,您创作的量可真大。”海顿谦虚地回答:“没错,陛下,多是多,但不见得优秀。”国王立刻纠正道:“不,你的成就,世人有目共睹。”

歌剧音乐会在1795年音乐节的第一场音乐会包括海顿的《降B大调第102交响曲》的首演,但由于音乐厅的一盏枝形吊灯意外坠落,险些中断。幸运的是,没有人受伤;而且这段插曲却阴差阳错成了另一部交响曲(第96)的绰号“奇迹”。相比之下,海顿的朋友阿宾顿爵士就没那么幸运,因一桩诽谤案闹得满城风雨,并在1795年2月7日被判入狱3个月。在海顿老家,达官贵族凌驾于法律之上,海顿为此大惊小怪,也属常情。

到了1795年,与萨洛蒙合作的高水平作曲家越来越多,海顿从高强度的创作任务中解放出来。在国王剧院的清唱剧演出之后,1795年3月2日迎来了又一部交响曲(第103,“鼓声”)的首演。《太阳报》称“海顿的新作大受赞赏,是恢宏磅礴与瑰丽狂想的完美结合”,但此后,当红意大利女高音布丽吉达·乔芝·本蒂因病退出音乐会，让观众无比失望。在1795年5月4日海顿自己的义演音乐会上，他为伦敦观众弥补了这一缺憾：病愈复出的本蒂演唱了“贝雷尼切啊，你在干什么？”（Hob.XXIVa:10），是海顿根据她轻柔流畅的招牌花腔高音而专门创作的音乐会咏叹调。同时演出的还有首演的**《D大调第104交响曲》**（“伦敦”），在该曲的手稿上，海顿骄傲地注明这是“我在英格兰谱写的第12部交响曲”。尽管海顿自评本蒂的演唱“乏善可陈”，但观众与批评家对音乐会的反映还是一如既往的赞美追捧。《纪实晨报》评论，该交响曲的成就“超越了海顿所有其他作品”。

CD2 5

1795年5月16日，海顿出席钢琴家特蕾丝·詹森与加埃塔诺·巴尔托洛齐（若干年前，他曾到艾什泰哈齐拜访过海顿）的婚礼。两天之后，歌剧音乐会的最后一场套票音乐会开演。音乐节临近结束，义演音乐会纷纷举办。1795年6月8日，长笛手安德鲁·阿什在国王剧院的义演音乐会就有海顿的加盟，这也是有记载的海顿在伦敦最后一次公开演出。接下来两个月，海顿在伦敦深居简出，埋头创作，还与几家音乐出版商建立了合作关系：第二次访英期间，他谱写了奏鸣曲、英语民歌和钢琴三重奏（其中3部献给安东·艾什泰哈齐亲王的遗孀玛丽亚·特蕾丝，另有3部献给新任亲王夫人玛丽·赫尔米娜吉尔德）。

1795年8月13日，海顿与萨洛蒙签约，将“伦敦”交响组曲的前6部的出版权委托给萨洛蒙（6个月后，又签了类似的协议，委托后6部的出版权）。或许正是借此机会，萨洛蒙将一份剧本手稿赠给海顿，这是一部叫《创世纪》的英语清唱剧，作者不详，根据弥尔顿的《失乐园》创作的歌词。据说多年前亨德尔也曾收到这个本子，但他婉言推脱,没有将其谱曲。1795 年 8 月 15 日,海顿离开英格兰,此为诀别。后来,海顿将这段英伦岁月视作一生中最快乐的时光；当然也是他最成功的巅峰时刻。伦敦的音乐界面向广大公众群体，在这种体系中作曲家可以获得体面的报酬。海顿的辛勤劳动为他带来了大约 24,000 盾的收入,等他回到维也纳,抛去各种开销,净得也应该超过 13,000 盾。这是他去英国前总资产的 6 倍多；比他在艾什泰哈齐宫廷干 20 多年拿到的俸禄还多。而他为伦敦创作的音乐,无论是交响乐,还是歌剧,都被认为是其巅峰期的代表作。

# 第六章 维也纳（1795—1809）

## Chapter 6：Vienna（1795—1809）

“你看这音符跳跃，如同波浪：还有那里，是从海底深渊崛起的山脉吗？”

# Vienna（1795—1809）
# 维也纳（1795—1809）

尽管在英格兰赚得盆满钵满，但海顿和他的抄谱员艾斯勒的归国之旅却颇费周折。由于英法两国正在交战，他俩不得不从海上绕远路，1795 年 8 月 20 日在汉堡上岸。随后搭乘驿站马车，途经柏林、德累斯顿，抵达维也纳。路上耗费了近半个月的时间。到 1795 年 9 月初，海顿已准备妥当，再次出任艾什泰哈齐宫廷乐队指挥。由于两年前他在维也纳郊区宫本多夫所购的房产仍在装修，便临时租住在老城中心新市场附近。

作为艾什泰哈齐家族新的领导人，亲王尼古拉斯二世上任伊始就完全放弃了艾什泰哈齐宫，更愿意在艾森施塔特度夏，在维也纳瓦尔纳大街的行宫过冬。海顿在艾什泰哈齐家族的 4 任雇主中，尼古拉斯二世应该算是最难相处的：他虽然爱好古典教堂音乐，却也是彻头彻尾的赌棍，还养着无数个情妇，几乎将历任亲王积攒下来的家产挥霍一空。尼古拉斯二世最初对海顿颇为不敬，在海顿从英格兰回来后，甚至还要人提醒，有这么一位牛津大学的音乐博士、当今欧洲最著名的作曲大师，需要他礼遇有加。海顿素以谦和著称,但也绝不会接受无端羞辱，哪怕来自他的亲王雇主。大约在 1795 年到 1796 年间，尼古拉斯二世出席了一场海顿的管弦乐彩排,并指指点点。海顿当场回应:“亲王阁下,这该由我做主。”可以想象,亲王勃然大怒,拂袖而去。然而,亲王夫人玛丽·赫尔米娜吉尔德更快意识到海顿的才华；在她的影响下,亲王对他的乐队指挥越来越热情,并且支持的力度越来越大。

尽管尼古拉斯二世希望恢复他父亲解散的音乐机构,但他并不指望海顿承担过多责任。艾森施塔特音乐活动主要集中在玛丽·赫尔米娜吉尔德命名日（9 月 8 日)前后两周,并将两支常设乐队合并:一支由 8 名左右弦乐手组成,平时负责提供教堂音乐(包括海顿的老朋友、老同事托马西尼),另一支是吹奏乐队,包括两支双簧管,两把单簧管,两把圆号(需要时,可以改吹小号)和两支低音管。两支乐队偶尔也会合并,或稍稍扩大规模,但无法再现尼古拉斯亲王治下宫廷管弦乐队的盛况。

正是在这样的背景下,63 岁的海顿将音乐活动的重心放在维也纳，也是自 18 世纪 50 年代以来头一遭。在此之前,海顿与维也纳的达官贵族们缺乏联系,甚至关系紧张；从 1795 年开始，他在首都是一名国家英雄,受到人们热爱拥戴。新登位的年轻皇帝弗朗茨二世,与之前的皇帝不同,非常欣赏和支持海顿。而皇后玛丽·特蕾丝的父亲就是海顿狂热崇拜者那不勒斯的费迪南国王。约瑟夫二世皇帝、他的弟弟和继任者利奥波德二世均偏爱意大利曲风,海顿一度被忽略排斥。如今时过境迁,新皇夫妇频频邀请定居维也纳的海顿前往霍夫堡作客。海顿与当时主要几位热衷于资助文艺的贵族也过往甚密，其中包括约翰·约瑟夫·尼波默克，施瓦岑贝格亲王和狂热的音乐爱好者约瑟夫·弗朗茨·劳布科威茨亲王——当时他不到30岁，后来全心全意地资助贝多芬。其中最值得一提的，当数斯韦顿男爵，他始终不遗余力地资助海顿，两人偶尔还合作。斯韦顿从1777年起担任维也纳皇家图书馆馆长，直至身故，此间他一直坚持举办礼拜日下午音乐会。斯韦顿虽然不善言辞、木讷拘礼，却痴迷于收集J.S. 巴赫与亨德尔的作品，18世纪在80年代末，他还组织了一拨贵族资助人，成立“促进协会”，专门资助亨德尔的清唱剧和颂歌（由莫扎特等人编配成管弦乐，译成德语）的演出。很快，海顿就与斯韦顿结下深厚的友谊，与他的音乐协会联系甚密。

1795年秋，海顿荣归故里罗劳。哈拉赫伯爵作为地主热情款待，并在城堡花园里竖立一座纪念碑，献给海顿，这无疑让海顿受宠若惊。1795年下半年，海顿唯一公开的新作就是《升e小调钢琴三重奏》(Hob.XV:31)，因此在维也纳他很自然选择了最近的伦敦系列作品来演出。1795年9月21日演出的很有可能是第103“鼓声”交响曲。在伦敦，作曲家们可以组织自己的义演音乐会，通过报纸广而告之，然后等待公众的反应。维也纳的音乐氛围显然无法与伦敦相提并论。为了筹办1795年12月18日的一场音乐会，海顿在雷德滕萨尔租了一个小厅，演出了“伦敦”组曲的3部(包括第100，“军队”交响曲)，均为第一次在维也纳献声。他不计前嫌，邀请早年的学生贝多芬参演。激情如火的年轻音乐家演奏了自己的《降B大调钢琴协奏曲》Op.19。后来雷德滕萨尔厅假面舞会委托贝多芬创作伴奏舞曲与小步舞曲，是他在维也纳拿到的第一件管弦乐委托作品，在这其中，德高望重的海顿可能也施以援手。

1796年1月8日，还是在雷德滕萨尔音乐厅，海顿与贝多芬再度携手，而海顿的“伦敦交响曲”开始赢得越来越多的关注。音乐收藏家卡尔·弗斯特伯格亲王很快就预定了全套12部交响曲。海顿长期资助人奥廷根亲王也迫不及待地询问如何购买该曲，并表示期望订购一批新的交响乐。1796年2月27日，萨洛蒙与海顿签约，规定“伦敦交响曲”后6部的版权为伦敦方面独家拥有，海顿承诺“仅作私人之用”。“私人之用”显然包括在维也纳的音乐会表演，且不管是本人的义演还是他人的义演。但是萨洛蒙现在拥有全部12部交响曲的公开发行权。这其实很公平：海顿的作品卖了一个好价钱，而萨洛蒙的投资毫无疑问也得到了丰厚的回报。

海顿很快着手与戈特弗里德·范·斯韦顿合作的第一部清唱剧。1786年，他为卡迪斯主教创作了一部管弦乐《临终七言》，一年后，将其改编成弦乐四重奏。从伦敦回国的路上，他在法国的帕塞听到约瑟夫·弗里贝特清唱剧的改编曲。受此启发，海顿在弗里贝特版本的基础上，在几乎所有乐章前加上了一段像圣咏合唱的无伴奏起始短句，并改写了弗里贝特的合唱部分与配乐，为第二部分谱写了一段新的管乐序曲。而斯韦顿则将弗里贝特所使用的德语唱词改写，并安排促进协会提供经费，于1796年3月26日和27日在施瓦岑贝格宫演出。这是海顿继21年前的《托比亚返归》之后，第一次在宗教节日期间演出清唱剧，很快就成为大斋期颇受欢迎的固定曲目。

没过多久，海顿的“惊愕”交响曲在维也纳上演，但并未公开售票。1796年8月还发生了一件与往昔的英伦岁月有关的事，海顿与伦敦的音乐出版商腓特烈·奥古斯都·海德签署一份协议，并由海顿的情人蕾贝卡·史洛特先在伦敦为这份合同签字作证。合同规定海顿要提供钢琴三重奏和奏鸣曲，可能还设置了“55部作品”的数目，而海顿将获得总额不超过911镑的酬劳。

如今海顿进入一个创作的高峰期。虽然不像他第一次伦敦之行期间那么高产，但18世纪90年代后期所写的作品均保持了极高的水准。他为维也纳宫廷音乐家安东·维丁格写了**《降E大调小号协奏曲》(Hob. VIIe:1)**，CD2 6 还创作了最后4部钢琴三重奏。在1796年复活节到1796年9月之间，他写出了《奥菲达圣贝昂纳蒂弥撒》或《圣哉弥撒》(“神圣”，Hob.XXII:10)。这是他最后6部弥撒曲的第一部，这些弥撒曲大多是为玛丽·赫尔米娜吉尔德亲王夫人的命名日而作。该曲在艾森施塔特的贝尔格教堂首演，也是海顿自1782年以来所作的第一部弥撒曲。这与约瑟夫二世皇帝在位期间，不鼓励精美的教堂音乐有关，但最主要的原因还是尼古拉斯亲王要求他在艾什泰哈齐宫的乐团将精力集中在世俗音乐和歌剧的创作和表演上。1796年秋天，海顿的分内工作还包括为《阿尔弗雷德，盎格鲁撒克逊人的国王、一个爱国的国王》(改编自英国戏剧)谱写3长段配乐,并于1796年9月在艾森施塔特上演。

在艾森施塔特期间,海顿很可能指挥了莫扎特《魔笛》的演出,并着手创作第二部弥撒曲《战争时代弥撒》("鼓乐",Hob. XXII:9)。其时拿破仑率法军压境,大战迫在眉睫。该曲当是受皇家军饷出纳官约翰·弗朗茨·冯·霍夫曼委托,于1796年12月26日在维也纳的皮亚里斯特会教堂首演,作为霍夫曼之子获得牧师资质典礼的一部分。此时的海顿全部身心都放在一部鸿篇巨著的创作上,那就是**《创世纪》**。

CD2 11—13

## 《创世纪》

在《战争时代弥撒》首演前11天,约翰·格奥尔格·阿尔布雷希茨贝格在给贝多芬的信中提道:

> 昨日海顿来访,提及正在构思一部大型清唱剧,拟命名《创世纪》,并打算近期完成。他还即兴表演了些许片段,我相信此剧必定不同凡响。

实际上,自从萨洛蒙赠给他那部英文手稿之后,它便在海顿心中挥之不去。回到维也纳之后,他给斯韦顿看了剧本,而斯韦顿男爵精通英语,自告奋勇来准备德语版的节略本。一直以来,斯韦顿期望自己的朋友能写出一部卓然不同的清唱剧,当他接触到这剧本时,立即就意识到,这样崇高的主题再合适不过了:

于是我鼓动他来做这件事，并……决意让英语的诗歌套上德国的外袍……必须承认，在整体上，我忠实地遵循原意；但在细节上，根据剧本情节和音乐表达……的需要，我不时有些改动。

1796年秋，海顿完成了《创世纪》的整体框架（与《圣哉弥撒》使用了相同的记谱法），随后1797全年都专注于这部清唱剧的创作。而促进协会决定为斯韦顿—海顿的合作提供官方委托，资助《创世纪》，并计划于1798年春在施瓦岑贝格宫上演。伦敦之行亨德尔音乐带来的魔咒尚未消退，海顿意气风发，要打造出这辈子最波澜壮阔的作品。他别出心裁，甚至考虑推出英、德两个版本，使其当之无愧为第一部双语清唱剧。斯韦顿先将原剧本编译成德文，随后又准备了一份全新的英语唱词，来配合海顿根据德国文字谱写的乐曲。在这一过程中，斯韦顿不断提出想法与建议，也让整个创作进展缓慢。

与此同时，音乐艺术家社团向海顿抛来橄榄枝。20年前，他们贸然让海顿受辱，如今试图修复关系。1779年1月，该协会曾勒令海顿随时待命，为其谱写新作，且不得收取任何费用。海顿自然拒绝同意，并宣布退出组织，但一有机会，还是继续默默支持它的慈善活动。1797年1月20日，在萨列里与社团秘书保罗·弗拉尼茨基（小提琴家，海顿的同学）的联名签署的信中，音乐艺术家社团坦诚致歉，向海顿表达深深的谢意，感谢他对慈善事业的贡献，并为他免费提供社团未来所有演唱会的门票，以向海顿示好。同年1月，海顿还挤出时间，受邵劳伯爵委托谱写了《民歌》;该曲随即被定为奥地利帝国的国歌《上帝保佑吾皇弗朗茨》。接下来几个月,海顿又完成了弦乐四重奏 Op.76(献给约瑟夫·厄多迪伯爵,1799 年才公开出版)。在 **Op.76,No.3,即"皇帝四重奏"**中,海顿充分运用《民歌》旋律,将其变奏为第二乐章慢板。

CD2 7

3 月底,海顿出席了亨德尔的《阿西斯与该拉忒亚》在施瓦岑贝格宫的演出,偶遇瑞典外交官腓特烈·塞缪尔·西尔弗斯托普尔。西尔弗斯托普尔记忆惊人,多年之后,两人见面、交谈的细节仍历历在目,据他所说,1797 年的春天,海顿租住在克鲁格大街一处叫德布劳萨贝尔的宅邸。尽管早在一年之前,海顿已经实际入住在宫本多夫的新居,但他选择这么做,实在合情合理:一方面可以远离泼辣凶悍的夫人,另一方面离斯韦顿很近,能够共同谱写《创世纪》。西尔弗斯托普尔还回忆走访海顿寓所的经历,海顿为他演奏了《创世纪》的序曲,内容是描写创世前的混沌:

> 他邀我走近,坐在他身边,好看得清楚曲谱。乐章结束后,他对我说:"你肯定注意到,本应该有音调、和弦从不和谐向和谐的过渡,但我却刻意避免了。其中缘由就是,混沌之初,天地无形。"

1797 年 4 月 7 日,原定要上演《临终七言》的清唱剧版本,由于战事告急,不得不临时取消。拿破仑的部队在意大利大败奥地利军队。旬月之后,维也纳开始加固城防,准备应对围城之战。1797 年夏,海顿再度住进宫本多夫的房子，估计是因为他形同陌路的妻子远赴温泉胜地巴登消暑的缘故。西尔弗斯托普尔再度来访，对主人丰富的德国诗歌收藏惊叹不已，发现海顿仍在心无旁骛地打磨他的清唱剧。海顿向客人展示了暴风骤雨的咏叹调“布满泡沫的巨浪蜂拥而来”，并饶有兴致地点评：

你看这音符跳跃，如同波浪：还有那里，是从海底深渊崛起的山脉吗？一个人严肃得太久，必须得有一些娱乐精神。

后来海顿告诉他的朋友兼传记作家格里辛格：

我写了一半才发现效果不错；我从未像在写《创世纪》期间那么虔诚；每一天，我都会双膝跪地，祈求上帝赐予我力量，让我能功成圆满。

1797 年秋，海顿回到艾森施塔特，负责亲王夫人命名日庆祝仪式的音乐：1797 年 9 月 10 日礼拜天演出了一段新的合唱经文歌（可能是 Insanae et vanae curae，改编自《托比亚返归》中的“暴风雨”唱段）；1797 年 9 月 28 日演奏了弦乐四重奏 Op.76；第二天近作《战争时代弥撒》重演。1797 年 10 月 27 日，海顿指挥了《临终七言》清唱剧版本的演出。亲王尼古拉斯二世甚为满意，将乐队指挥的俸禄提高到每年700 盾，另外再加上尼古拉斯一世亲王留给海顿的每年 1000 盾的养老金。这对尚在艾森施塔特的海顿来说真是双喜临门，因为他刚刚完成《创世纪》的第一稿。

大概是在1797年11月份，海顿回到维也纳；1797年12月11日，他全票当选为音乐艺术家社团的荣誉会员，并被任命为终身“高级顾问”，双方彻底冰释前嫌。约翰·艾什泰哈齐伯爵（海顿雇主的远亲），亲自引领海顿步入雷德滕萨尔厅，音乐艺术家社团的成员们全体起立、齐声大呼“万岁！”，向65岁的作曲家鼓掌致敬，场面感人。1798年3月10日，他第一次列席社团的会议，但此后半年间就忙于修改《创世纪》，以及指导艾斯勒准备演出道具。1798年3月30日，他出席了教子约瑟夫·魏格尔的义演音乐会；1798年4月1日、2日，指挥了《临终七言》，这对于音乐艺术家社团大斋期的清唱剧音乐会来说再合适不过了。这些音乐会还有一个特色就是合唱团与管弦乐队的规模宏大，让音乐艺术家社团的善款收入达到史无前例的水平。

1798年4月6日，施瓦岑贝格亲王获悉，《创世纪》的演出已经万事俱备，于是立即安排了一场小范围的首演，时间是1798年4月30日，地点就在亲王位于新市场的宫殿。10名促进协会的会员每人认捐50个金币，以支付海顿500个金币的费用（是10年前莫扎特首演《费加罗的婚礼》获利的5倍）。首次公开的带观众彩排在1798年4月29日，3个独唱者分别是21岁的女高音克莉丝汀·杰拉尔迪（不久就嫁给了贝多芬的朋友兼医生，约瑟夫·弗兰克博士），男高音马塞厄斯·罗特迈尔（大学老师、医生）和男低音伊格纳茨·萨尔（其女特蕾丝是一名女高音，即将声名鹊起）；萨列里负责钢琴伴奏，海顿指挥。

海顿用音乐描绘光的诞生，让听众如痴如醉。西尔弗斯托普尔这样写道：

整个作品中唯一这个部分，海顿始终秘而不宣（甚至瞒着冯·斯韦顿男爵）。当乐队奏起这段乐章，海顿的神情，我直到今天还历历在目。他的样子就像是想去掩盖尴尬或者隐藏秘密，竭力克制自己缄口不言。当第一缕光迸发出来，人们肯定会说那光亮是从海顿熊熊燃烧的双眼中射出来的。

西尔弗斯托普尔评价，维也纳观众完全被这非凡的一刻征服震撼，彩排现场一度默然数分钟；海顿这部新的清唱剧，让施瓦岑贝格亲王看得津津有味，当场奖励海顿 100 个金币。在公开首演当日，亲王府邸门口挤满观众，他不得不花钱请来 30 名警察（大多全副武装）维持秩序。观众热情高涨、好评如潮，该剧在 1798 年 5 月 7 日、5月 10 日连续两次重演。

《创世纪》演出后，公众的赞美颂扬铺天盖地，让海顿感激之至。同时连续的演出也让他筋疲力竭，甚至被医生勒令休息放松。他离开维也纳，回到艾森施塔特，请了病假，先后几次去附近夏腾的硫磺温泉疗养。海顿很快意识到他得给玛丽·赫尔米娜吉尔德·艾什泰哈齐亲王夫人的命名日写一首新的弥撒，而庆祝仪式将在 1798 年 9 月 9 日礼拜天进行。这一天同样是1683 年奥地利击败土耳其入侵者的周年庆。于是，1798 年 7 月 10 日起，

CD2 8

他着手创作《**危难时代弥撒**》(Hob.XXII:11,俗称“纳尔逊弥撒”)。通常情况下,他写一部大型弥撒曲需要 3 个月左右,但这一次,他只用了一半的时间(他完成曲谱手稿,署的时间是 8 月 31 日)。但遗憾的是,已经来不及准备必需的演出道具,也没有时间彩排,赶不上亲王夫人命名日的庆祝仪式,于是《危难时代弥撒》的首演推到半个月之后,1798 年 9 月 23 日在教区教堂。18 世纪 90 年代末期,政治和军事局势动荡不安,战争阴云笼罩着整个欧洲;而 19 世纪的俗称又将其与英国民族英雄、海军上将纳尔逊联系起来。海顿决定将此曲命名为《危难时代弥撒》,于是便引得有些人想从中嗅到穷兵黩武的味

海顿“纳尔逊弥撒”慈悲经部分的手稿

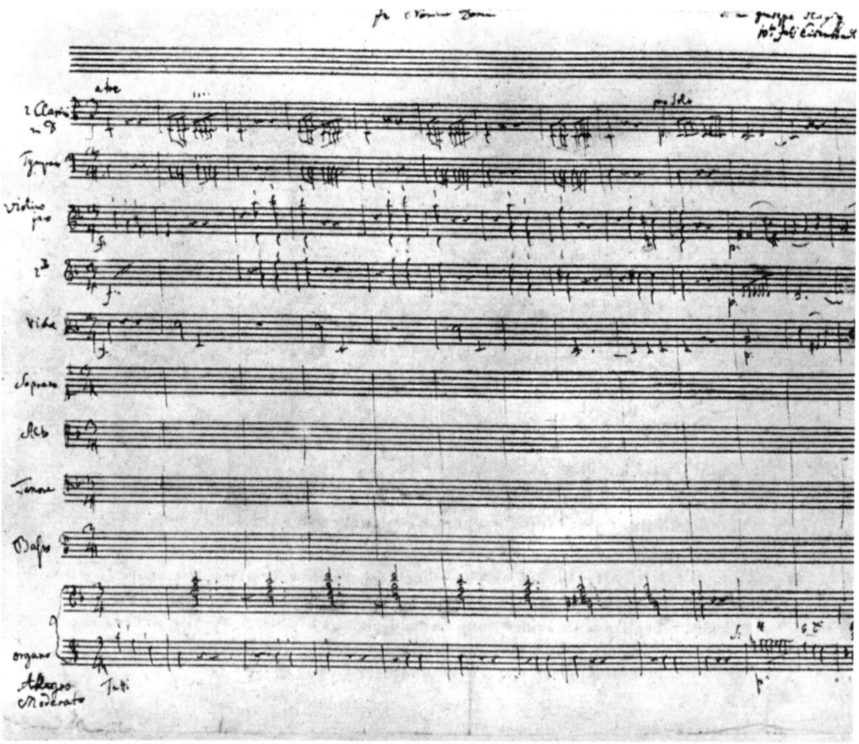

道。其实原因可能很简单:亲王尼古拉斯二世为了节约开支,唐突地将吹奏乐队 8 人组解雇;海顿晓得自己从此无法指挥双簧管、单簧管、低音管和圆号,于是故意在这种“受困”的条件下谱写了《危难时代弥撒》;尽管为了演出,临时聘请了 3 名小号手,但整个弥撒只需独唱、合唱、弦乐、定音鼓和管风琴(海顿亲自上阵演出)。

艾什泰哈齐宫廷到 1798 年 10 月下旬才离开艾森施塔特。海顿回到维也纳,恰逢弟弟米夏埃尔来访,两人都快有 30 年没见过面。米夏埃尔也是一位德高望重的作曲家,在萨尔茨堡宫廷供职,此次请假来到维也纳。两兄弟应该都出席了莫扎特《后宫诱逃》的重演,以及在维登剧院[1]的音乐会,现场贝多芬还弹了一首钢琴协奏曲。米夏埃尔多次前往哥哥位于宫本多夫的住家;有一次海顿专门为弟弟准备了一场管乐音乐会,让米夏埃尔喜出望外。

同样在 1798 年,首部《莫扎特传记》在布拉格出版。作者弗朗茨·克萨维尔·尼姆切克将此书献给海顿,并称其为“高雅音乐艺术之父,缪斯的宠儿”。1798 年 10 月 3 日,布赖特科普夫与黑特尔公司的《通俗音乐报》创刊,并向海顿提供赠阅。1798 年 12 月 22 日、12 月 23 日,音乐艺术家社团举办圣诞音乐会,上演了海顿的“军队”交响曲和新作咏叹调“独自沉思”(Hob. XXIVb:20, 歌词为彼德拉克的 2 首十四行诗)。这也是有史可查的安东·维丁格首次使用他发明的有键小号公开演出(但他还是没敢公开演奏海顿为他谱写的协奏曲)。

① 维登剧院:又称“自由屋剧院”,以上演莫扎特《魔笛》而著称。——译注

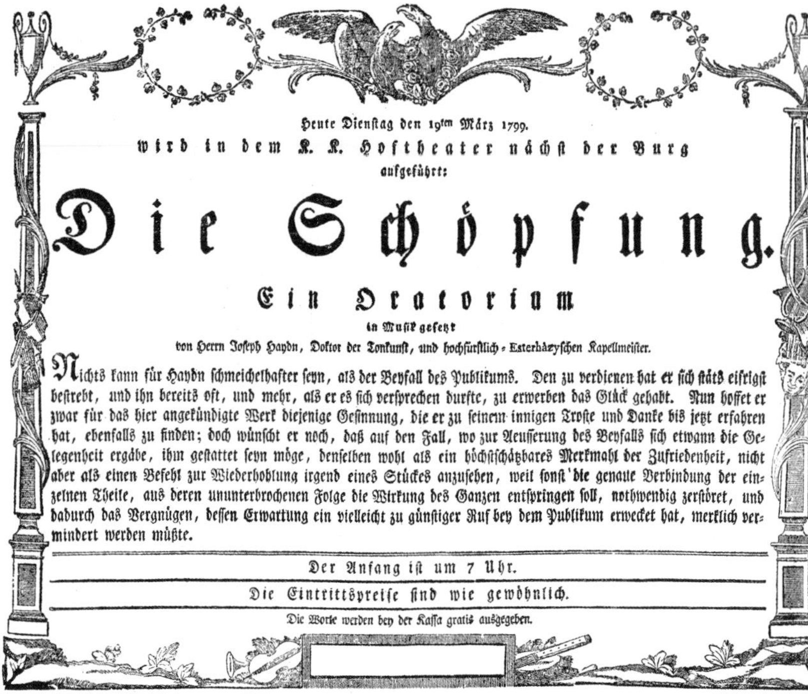


《创世纪》首次公演的告示

1799 年 3 月 2 日和 3 月 4 日,《创世纪》在施瓦岑贝格宫又举行了两场私人演出。而此时,布赖特科普夫与黑特尔公司想尽一切办法,试图拿到《创世纪》的出版权。他们请出莫扎特的遗孀康斯坦策，打友情牌，想与海顿签约,还是无功而返。1799 年 3 月 8 日,《暴风雨》在洛布科维茨亲王府邸上演;1799 年 3 月 17 日,海顿为音乐艺术家社团指挥了《临终七言》的演出。第二天,该剧再演一场,并在中午时分指挥了《创世纪》的联排,为 1799 年 3 月 19 日在城堡歌剧院的首次公演热身(这个时间选得很合适,正好是圣约瑟日)。大约 180 名演职人员参与演出,所有的酬劳以及租赁场地的费用都由斯韦顿和他的促进协会承担,这样演出获利全部捐赠给海顿。

尽管音乐会晚上 7 点才开始，但下午 4 点左右，剧场外面就已经人山人海，混乱不堪。歌剧院里塞满了观众，宣传海报上礼貌地提醒观众们，请他们不要在某个乐章结束后鼓掌要求再演一遍，“否则的话，各个部分之间的关联衔接必然会被打断，没有了流畅，整体效果就大打折扣”。一位亲历者在他的回忆录中写道：在清唱剧各个章节的间隙，“掌声雷动”；但到表演的时候，“又像坟墓般宁静”。一位维也纳的讽刺作家评论，当音乐声响起，剧场里耗子跑过的声音都听得一清二楚，并总结道：

这辈子活到现在，我万万没想到，人的肺①、羊的肠子②和小牛的皮③居然能创造出如此之奇迹。只是用音符就刻画出雷鸣与闪电……你会听到暴雨倾盆，洪水肆虐，甚至还有虫子在地上蠕动的声响……曲终散场，众口一词，无不称赞，真乃前所未见；整个晚上我连做梦都是“创世纪”。

《通俗音乐报》将这部清唱剧誉为“新音乐时代的杰作”，并透露斯韦顿和海顿正在酝酿一部续篇，叫作《四季》。1799 年秋，海顿开始谱曲，这将是他最后一部清唱剧。1799 年 5 月 25 日，格奥尔格·奥古斯特·格里辛格登门拜访。这位年轻的撒克逊神学家、音乐爱好者很快就成了海顿的忘年交。海顿去世一年之后，格里辛格就出

① 人的肺：这里指声乐。——译注

② 羊的肠子：当时乐器的弦由羊肠线制成，并非是今天的金属质地。这里指乐器。——译注

③ 小牛的皮：当时用小牛皮来制鼓。这里指定音鼓。——译注

版了海顿的经典传记，记录下两人间诸多交谈内容。格里辛格想和海顿见面，是因为受布赖特科普夫与黑特尔公司委托，来谈音乐出版事宜。他向公司汇报，这位年老巨匠无暇顾及其他，因为他正忙于为玛丽·特蕾丝皇后创作一部新的《感恩赞》，还要为艾什泰哈齐宫廷写一部新的弥撒曲。或许这家莱比锡的公司仍然心存幻想，打算成为第一家推出《创世纪》的出版社。但海顿最终下定决心，独立出版清唱剧曲谱。1799 年 6 月 15 日，他通过《维也纳日报》和《通俗音乐报》宣布：

本人的清唱剧《创世纪》承蒙谬赏，颇受欢迎……让我心生妄想、安排公开出版该剧词谱。以期能让公众看到……印刷清晰无误、纸张优良、德英双语的全谱，如此（至少）有一件我的作品可以完整地呈现在广大公众面前，而行家们也能全面地批评点评。

在公开场合，海顿还和以往一样，精力充沛、光彩照人；可就在 3 天前，他写给布赖特科普夫与黑特尔公司的信中，这位 67 岁作曲家年老体衰的状况略见一斑：

世人只看到我新近作品绚烂的火焰，并奉上赞美之词，但没人相信这背后我付出多少心血与努力。有些日子，我的记忆力大不如前，身体也每况愈下……都让我几近崩溃，我承受着最严重的抑郁，而且许多天都找不到一丁点灵感……

布赖特科普夫与黑特尔公司和海顿的关系越加密切,《通俗音乐报》6月刊登了出版社的一则声明,宣布将出版一部“格调高雅,而且价位适中”的海顿全集。并声称得到海顿的授权和全力支持,将从钢琴曲开始。这其中联络员格里辛格显然居功甚伟。海顿在发行自己印刷的《创世纪》过程中,得到了长期合作伙伴、维也纳出版商阿尔塔利亚的帮助,协助他征集订款。海顿还写了无数书信,以获得来自英国方面的预订。查尔斯·伯尼表现得尤其慷慨大方,允诺帮忙推广对该谱的预订,并提出合理建议,让海顿最好把出版时间推迟到圣诞节之后,从而抓住伦敦市场上的潜在买家(因为英国的贵族阶层往往会在他们乡间的领地从夏末一直住到冬天来临)。

就在这前后,阿尔塔利亚出版了《弦乐四重奏》Op.76。1799年7月中旬,海顿在艾森施塔特,夏日清凉多雨。他最后6部弥撒的第四部(“特雷西亚弥撒”,Hob.XXII:12)极可能在1799年9月8日礼拜天首演。6天之后,他回到维也纳,而他的妻子玛丽亚·安娜刚立下最后的遗嘱。尽管夫妻关系失睦,长期以来婚姻名存实亡,但好几个到过他们在宫本多夫住处的人都明确提到,在18世纪90年代末期,夫妻俩生活、居住在一块儿,而且玛丽亚·安娜将她的丈夫列为剩余遗产继承人。

1799年10月,海顿又回到艾森施塔特,经历最初的冰封期后,他与尼古拉斯二世亲王的关系慢慢修好。《创世纪》在维也纳大获成功,消息当然传到了尼古拉斯二世耳中。他意识到海顿并非只是一个奴仆,还是当今无可争议的最伟大的作曲家。而对海顿而言,他也非常感激这40年来艾什泰哈齐宫廷为他提供的稳定的生活保障。尤其是1799年10月24日，他的老朋友迪特斯多夫在贫困中辞世，让海顿清醒地认识到，作曲家哪怕风头一时无二，终有一天也会坠落神坛、死于贫苦。

海顿十分关注音乐家同行的疾苦，并决定与音乐艺术家社团再度携手，推出《创世纪》公演（1799年12月22日到23日），所得收入用来资助音乐家的孀妇与遗孤。此时音乐艺术家社团的运营举步维艰，而海顿提供的《创世纪》就是商业成功的保障，不啻于雪中送炭。他们决定将票价翻倍，最终社团摆脱困境，得以继续慈善事业。尽管海顿坦承自己身心交瘁，但他体现的职业道德令人敬仰：1799年一年，他为洛布科维茨亲王完成了《弦乐四重奏》Op.77；还向爱丁堡的出版商乔治·汤姆森交付了第一批苏格兰民歌的改编曲（在接下来5年间，他一直为汤姆森提供此类改编曲）。

## 《四　季》

CD2 9—10

1799年到1800年之交，海顿整个冬天都忙于《四季》的创作。斯韦顿延续上次的成功模式，首先要找一个英语剧本。他挑选了苏格兰诗人詹姆士·汤姆森（有人认为他是阿恩[①]“不列颠万岁”的词作者）的一部田园史诗，加以剪辑、改编、翻译。汤姆森的鸿篇巨制共有5,541行无韵体诗行，从1726年到1730年，分成5部分出版（每

① 托马斯·阿恩：巴洛克时代英国作曲家。其歌剧Alfred1745年在伦敦首演，剧终的独唱加合唱即“不列颠万岁”。——译注

一部代表一个季节，还有一部"颂歌"收尾)。斯韦顿还参考、借鉴了巴托尔德·海因里希·布罗克斯的德文译本。这位来自汉堡的诗人和亨德尔是朋友，亨德尔还将他的几首诗歌谱过曲，包括所谓的《布罗克斯激情》和9首德语咏叹调；他在1745年出版过一个汤姆森诗作的德译本。据格里辛格记载，到1800年2月5日，该剧创作已取得很大进展，海顿无疑再度得到了促进协会的鼓励和支持，但也顾虑重重。尽管唱词充满对乡间景色、以及四季天气变化的描绘，但海顿可能还是感觉4个部分之间缺乏叙事的关联衔接，未能形成一个令人满意的整体。另外剧中的3个农民角色——汉内、卢卡斯和西蒙——不够丰满，更像是呆板的类型人物，也让海顿耿耿于怀。海顿抱怨过，留下这样的名言："在《创世纪》里，是天使在娓娓而谈，讲述上帝的神迹；到了《四季》，就只剩下西蒙在聒噪。"

1800年2月的最后一天，《创世纪》的印刷本终于面世。该谱由海顿出资印刷，却在煤市大街上阿尔塔利亚的门面销售。它的一大特色就是附有订购人名目，上面的400人遍布全欧，从权倾一时的达官贵人(弗朗茨二世皇帝、艾什泰哈齐家族成员、施瓦岑贝格亲王、乔治三世、威尔士亲王、约克公爵)，到忠实的朋友及音乐界同行(范·斯韦顿男爵、约翰·彼得·萨洛蒙、亨德尔作品编辑萨缪尔·阿诺德博士、查尔斯·伯尼博士、蕾贝卡·史洛特)，都是响当当的人物。很快，《创世纪》就发往欧洲各地。既然曲谱已经面世，阿尔塔利亚也没有浪费一点时间，充分利用这部清唱剧的知名度来赚钱。他们早就委托若干名维也纳的音乐家，将原曲分别改编成一部弦乐五重奏和一件钢琴声乐作品，并在海顿的总谱发行 9 天之后，就上架销售。

为庆祝巴拉丁大公的诞辰，海顿到奥芬（今天属于布达佩斯）指挥了一场《创世纪》的演出，然后赶回巴登，在他夫人玛丽亚·安娜弥留之际，与她告别。海顿太太在 1800 年 3 月 20 日辞世，享年 70 岁，两天后下葬。照理说，年逾花甲的海顿终于摆脱了这段长达40 年的不幸婚姻，可谓如释重负；但不可否认，安娜的去世还是让海顿伤心不已。哪怕是换作 10 年前，他还尚有余力，可以迎娶路易奇娅·波尔策地或者蕾贝卡·史洛特，再来一段姻缘。但如今，已经不切实际。

1800 年 3 月 28 日，安东·维丁格首次公演海顿的协奏曲，那是 4 年前为有键小号定制的。让人大跌眼镜的是，对《创世纪》趋之若鹜的维也纳观众，态度突然来了 180 度的大转弯，这个没那么华丽的首演完全提不起他们的兴趣。或许，此时他们的注意力已经转移到那个狂放不羁、锐意创新的现代派音乐家贝多芬身上。他年少成名、离经叛道；自从告别师门，无论是在音乐技巧还是在思想内涵上都有了长足进展。贝多芬将《C 大调第一交响曲》献给戈特弗里德·范·斯韦顿，并于 1800 年 4 月 2 日在城堡剧院首演，《通俗音乐报》称其为多年来维也纳上演的最有趣的音乐会。1800 年 4 月 7 日、4 月 8 日，音乐艺术家社团的《创世纪》连演两场，由海顿指挥，管弦乐队规模达到 200 人。尽管票价已经恢复到正常水平（在 1799 年翻了一番），票房仍然没有达到场场爆满的预期。维也纳的观众们一如既往地冷热无常、喜新厌旧，一些时尚团体已经将《创世纪》视作“古调不弹”了。

与此同时，在伦敦，《创世纪》演出权的争端愈演愈烈。1800 年 3 月 28 日，约翰·阿什利从《创世纪》总谱中抽出片段，临时拼凑在一起，抢先在考文特花园歌剧院组织了首场英文版的演出。这当然让萨洛蒙怒不可遏，毕竟该剧的歌词原本是他提供给海顿的。萨洛蒙在报纸上宣传，他的版本将于 1800 年 4 月 21 日在国王剧院上演，筹备完善、制作精良，全程得到海顿把关，保证“呈现应有的风格和方式，完全展示作者要求的效果”。

从伦敦回到维也纳之后，海顿一直超负荷工作。不停地指挥音乐会、创作《四季》、筹备《创世纪》的出版，这些事耗尽了他的精力，影响到他的健康。由于突发风湿热，海顿卧病在床，在施瓦岑贝格宫的两场《创世纪》演出（1800 年 4 月 12、4 月 13 日）不得不由他的教子威格尔代为指挥。就在康复疗养过程中，他再次收到旧情人路易奇娅·波尔策地的来信，向他索要金钱，并提醒海顿他如今已是自由之身，可以名正言顺地娶她。1800 年 5 月 23 日，海顿回信，郑重承诺假如他“考虑再娶”，只会与路易奇娅结婚。两人已经有十多年没见过面了，而且海顿可能对她总是张口要钱感到厌倦，所以他非常精明地补充一句，如果他始终未娶、孤老一生，那他会在遗嘱中给路易奇娅馈赠。这单方面的允诺显然让路易奇娅很满意，她很快就嫁作他人妇。

海顿的朋友们都担心他可能一病不起，但到 6 月中旬，他又给乔治·汤姆森交付了 32 首苏格兰民歌的改编曲(从那以后,他改与自己的学生诺伊科姆接洽)。1800年7月,海顿和布赖特科普夫与黑特尔公司商谈清唱剧《临终七言》的出版事宜,并与这家莱比锡的出版社提及《四季》的授权。自己出版《创世纪》给海顿带了巨大的个人压力和经济危机,他显然不愿重蹈覆辙。虽然大病未愈,海顿还是前往艾森施塔特度夏;1800年8月间,他写信给路易奇娅·波尔策地,表达了希望自己尽早痊愈的愿望。

很快海顿得到消息,英国战争英雄、海军上将霍雷肖·纳尔逊,携同他的情妇汉密尔顿夫人,从那不勒斯前往英格兰,将于1800年9月6日途经艾森施塔特,并觐见尼古拉斯二世亲王。艾玛·汉密尔顿喜欢唱女高音,颇具天赋,且小有名气;她新近得到一份《创世纪》的总谱,因此提出想演唱一段海顿的康塔塔《阿里阿德涅在纳索斯》。当时海顿手边没有曲谱,于是他催促出版商阿尔塔利亚给他发一份急件。纳尔逊、汉密尔顿,及陪同的亲友、同僚一行,在艾森施塔特逗留4天。尼古拉斯二世亲王精心安排了各种庆典,每天都有音乐会、焰火表演、舞会和盛宴,一是款待客人,一是庆祝妻子的命名日。海顿为汉密尔顿夫人写下歌曲《尼罗河之战》(Hob. XXVIb:4),声称汉密尔顿夫人整整两天跟他形影不离。纳尔逊赠给海顿一块怀表,作为回报,他索得海顿用来创作的一支旧钢笔。在庆祝活动中,也许重演了“纳尔逊弥撒”(《危难时代弥撒》),但没有确切的记录。由于身染重疾,加之忙于《四季》的创作,海顿在整个1800年无暇谱写新的弥撒曲,但他极可能拿出气势恢宏的新《感恩赞》

(Hob.XXIIIc:2)来表演:要么是在1800年9月8日,当时尊贵的英国客人们还在艾森施塔特;要么就是6天之后,在玛丽·赫尔米娜吉尔德·艾什泰哈齐的命名日庆典上。该曲系玛丽·特蕾西亚女皇委托所作,所以首演之时,她与弗朗茨二世皇帝应该也出席了。

此后不久,海顿最后一次去了艾什泰哈齐宫。这座美轮美奂的宫殿,曾被尼古拉斯亲王视作"匈牙利的凡尔赛",已经荒废了10年,如今只是一处奢华的狩猎行宫而已;正因如此,巴拉丁大公约瑟夫于1800年11月上旬在此停留。海顿指挥一小拨乐师在此表演,仿佛是尼古拉斯一世亲王麾下那支宫廷乐团遥远的呼叫。对于匈牙利荒野的生活,海顿从未表现过太多热情和眷恋;这里原先是沼泽地,改造后依然潮湿,居住期间,他频频受寒发热。就在海顿回到维也纳的时候,格里辛格告诉布赖特科普夫与黑特尔公司,凛冽的寒风"让海顿身体不适"。这次他没有像往常一样,在维也纳市中心租一处房子过冬,而是选择住在宫本多夫的家中。海顿做出这个决定,毫无疑问,与他年岁渐高有关;或许还因为在他夫人去世后,宫本多夫的房子变得更加舒适了。但他的健康仍是一个大问题。1800年12月初,皇室成员来到艾森施塔特,海顿负责督导音乐表演,这让他筋疲力竭,无法指挥音乐艺术家社团圣诞节的《创世纪》演出。就在这个时候,法军攻陷萨尔茨堡,海顿的弟弟米夏埃尔被法军士兵武装洗劫,海顿肯定听到这个不幸的消息,非常关切,随即给米夏埃尔送去了一块金表和金质鼻烟壶(可能就是几周前,弗朗茨二世皇帝在艾森施塔特赏给他的那一只),并承诺给他更多经济上的援助。

1801年初，奥地利与法兰西之间出现短暂的和平。1801年1月16日,海顿举办了一场《创世纪》的慈善义演,所得的七千多盾捐给受伤士兵。据说,他在音乐会上的指挥充满“青春激情的火焰”。半个月后,他又和贝多芬一起参加了一场慈善音乐会,并指挥了自己的两部交响曲。但到了1801年2月21日,他再度卧床不起,由于“心力交瘁”导致高烧不退。大约过了一个月,他才慢慢康复,这无疑也推迟了《四季》的完成。另外,他的词作者斯韦顿要求苛刻、难以相处,让海顿苦不堪言。斯韦顿千方百计说服海顿,让他将乐曲设计成能适合英、法两种语言演唱。显然他是希望《四季》能比《创世纪》更快地在整个欧洲传播、演出。

1801年3月28日,曲谱终于完成,出于对海顿不断恶化的健康状态的担心，该部清唱剧的首演被推迟到1802年。然而,就在第二天,海顿就为音乐艺术家社团指挥了《临终七言》的演出,于是促进协会做好安排,准备在施瓦岑贝格宫非公开首演。但由于施瓦岑贝格亲王家中有丧事,首演被推迟到1801年4月24日。演出阵容包括3名独唱歌手、来自维也纳歌剧管弦乐队的乐师,和由若干教堂唱诗班组成的合唱团。歌手与3年前《创世纪》首演阵容一样,乐师里也有几个来自海顿在艾什泰哈齐宫的乐队。促进协会的15名成员各出了195盾,来支付所有演出费用,而施瓦岑贝格亲王再次雇佣武装警察,防止公众过于热情,引发混乱。尽管此次只有彩排对维也纳市民开放,但他们很快就迎来了《四季》的首次公演。1801 年 5 月 29 日,《四季》在皇宫的雷德滕萨尔厅隆重上演。尽管并未出现万人空巷、一票难求的盛况,但市民们对这部新的清唱剧还是好评如潮。一位维也纳的记者观后情不自已,称赞海顿比人们期望的还出色:“艺术家用他卓越非凡的表现力,描绘出各种状态下的自然,惟妙惟肖、妙不可言。”还有报纸评论文章称《四季》让“铁石心肠化作绕指柔”。格里辛格在《通俗音乐报》上刊文点评:

他就像音乐界的普罗米修斯,在他充满魔力的双手下,每一个唱词都活灵活现、涵义隽远。曲调旋律让人欲罢不能,时而欢快、时而震撼,如同林间激流、冲涤两岸。这一刻,音乐简单流畅、浑然天成,让人心旷神怡;下一段,旋律繁弦急管、洋洋洒洒,令人高山仰止。从始至终,心随乐动,跌宕起伏:从感人肺腑到心惊胆裂、从自然纯朴到鬼斧神工、从下里巴人到阳春白雪。

虽然格里辛格赞叹每一根谱线都“打上天才的烙印”,但私下里他对斯韦顿的剧本就没那么客气:“海顿集古今之大成,技艺登峰造极,知道如何点石成金,化腐朽为神奇”。几个月后,海顿提到斯韦顿难听的法语歌词,将其比作“有病的法国垃圾”,并声称这“该死的主意”是强加给他的。这种行为在人情练达的海顿身上,实属罕见。海顿还向格里辛格透露,他当时就觉得“致辛劳”赞美诗的想法荒谬不堪、不合实际。根据坊间传闻,斯韦顿自命不凡,对海顿的创作指东画西,两人常常因此争吵不休。无论如何,这部清唱剧颇受欢迎,让布赖特科普夫与黑特尔公司心甘情愿掏出 4,500 盾,击败若干对手,获得独家出版权。

## 最后的岁月

1801 年 5 月 5 日,海顿立下第一份遗嘱,动机之一就是希望保证他的家人和亲密伙伴能够衣食无忧。他的两个兄弟作为受益人,继承了他绝大部分遗产。有一笔数额不菲的遗赠让人费解,受赠者是格拉斯乔科韦茨亲王夫人的女仆——卡瑟琳·切赫。从中可以推测,除了路易奇娅·波尔策地(这名意大利歌手得到每年 150 盾的养老金),海顿还有一位情人陪伴。此后,海顿还多次修改遗嘱,但无大的改动。在完成《四季》之后,他越来越意识到自己大限将至。

同月,他收到一份特殊的礼物,来自巴黎埃拉尔公司的一架新型大钢琴。1801 年 5 月 20 日,他致函埃拉尔公司表示感谢,称该琴为“我这辈子耳闻目睹过的最完美的一件杰作”。1801 年 7 月,海顿回到艾森施塔特履职,尼古拉斯二世亲王在 8 个月前重组吹奏乐队。这一举措定然让吹奏乐队成员如释重负,要知道在过去 3 年间,他们只能勉强度日。他们中绝大多数参加了 1801 年 9 月 13 日在艾森施塔特的贝尔格教堂的演出,是他们乐队指挥最新弥撒曲《创世纪弥撒》(Hob. XXII:13)的首演。海顿巧妙地借用了自己《创世纪》里“您除去世间的罪”中亚当与夏娃的一段二重唱,由此得名“创世纪弥撒”。

69岁的海顿匆匆忙忙完成创作、彩排,刚好赶上玛丽·赫尔米娜吉尔德亲王夫人的命名日典礼;演奏过程中还有一则轶闻,说海顿“像一只鼬般敏捷,冲向”管风琴,来了“圣灵感孕”中一段独奏。他的弟弟米夏埃尔正好来艾森施塔特参观,海顿有可能说服他参与演奏。或许就在这前后,尼古拉斯二世亲王意识到自己的这个海顿时日无多, 于是给米夏埃尔·海顿提供了艾森施塔特乐队副指挥的职位。米夏埃尔有些动心,最终还是婉言谢绝,大约是听了哥哥的建议,决定终生效劳萨尔茨堡宫廷。

1801年10月底,海顿回到在宫本多夫的寓所。1801年10月25日, 他可能聆听了一场在圣斯蒂芬大教堂的弥撒仪式,并深受感动。所奏的弥撒曲是他自己的作品,在他60年前当唱诗班的教堂。维也纳上层社会开始盛传,说海顿与斯韦顿继续合作,准备带来更多新作,题材从描绘末日审判的清唱剧到更加有趣、世俗的作品。这些谣传的源头好像就在斯韦顿这里,他想“让世人为海顿包罗万象的天赋所折服”。但海顿既无意开启一段新的合作,去劳神费力,也无需向任何人证明任何事。《创世纪》迎来在巴黎的首演,虽然两国正在交战,但丝毫不影响观众对海顿疯狂的崇拜追捧,甚至给海顿寄来一枚特制的黄金勋章。但海顿永远无法实现访问巴黎的夙愿;经过反复权衡考量,他决意不再以身犯险、长途跋涉。这份谨慎合情合理。岁末年终,严重的风寒发热如期而至。

尽管年事渐高, 疾病缠身且日夜操劳, 海顿仍然不忘提携旧友,热心公益。1801年12月初,他向尼古拉斯二世亲王提出，希望能给年迈的小提琴手路易吉·托马西尼涨薪。1801 年 12 月 22 日和 12 月 23 日，他在城堡剧院为音乐艺术家社团的慈善音乐会指挥《四季》(得到满堂观众的起立鼓掌欢迎)。4 天后，他又指挥《创世纪》义演，所得善款用来资助维也纳圣麦克斯区的穷人。

1802 年初，困扰海顿多年的鼻息肉再度复发，他不得不在家静养十来天。初春，海顿出乎意料地收到萨列里的提议，要在皇家宫廷歌剧院(现维也纳国家歌剧院)重演《真正的坚贞》。作为过去时代的产物，海顿歌剧的德语版在一些行省的剧院中频繁上演，但却从未在他祖国最具盛名的歌剧院占得一席之地。海顿清楚地知道，接受萨列里的提议，意味着纠正自己在 1778 年所受的冤屈(如果《真正的坚贞》当年确确实实是为维也纳量身定制，却由于政治阴谋被迫取消演出的话)，但他还是婉言谢绝，因为在主角罗齐娜的选派上，两人无法达成一致。1802 年 3 月 31 日前后，海顿庆祝了自己 70 岁的寿辰，并没有大张旗鼓地宣扬;1802 年 4 月 11 日，复活节前一周的棕枝全日，海顿指挥了音乐艺术家社团的《四季》演出。

许多显赫人物，包括玛丽·特蕾西亚女皇在内，都力劝海顿再写一部史诗级作品，但他表示，除非找到“可用”的剧本，否则不会动笔。海顿曾流露出一丝兴趣，想与著名诗人维兰德合作，但对方年老固执，拒绝合作。1802 年 6 月间，海顿着手为玛丽·赫尔米娜吉尔德亲王夫人创作一部新的弥撒(Hob.XXII:14，俗称“和谐弥撒”，因该曲以使用扩大的吹奏乐队而称道)。1802 年 7 月 29 日，尼古拉斯二世亲王亲自登门，看望海顿，并礼貌地征询乐队指挥的意见，问他一周后能否陪同自己前往艾森施塔特。亲王仍在物色乐队副指挥的人选，1802 年 8 月 14 日，他知会海顿，已任命艾森施塔特当地音乐家约翰·涅波努克·富克斯，其职责为“在乐队指挥缺席时，协助指挥管弦乐队和负责宗教音乐”。就像许多年前海顿预先进入角色，准备接格雷戈尔·维尔纳的班一样，他的继任者也已经到位（但在未来几年，艾什泰哈齐的年度庆祝弥撒常常交给胡梅尔负责；1807 年还一度交给贝多芬）。

1802 年 9 月 8 日星期三，海顿的最后一部代表作“和谐弥撒”由他本人亲自指挥，在艾森施塔特的贝尔格教堂演出。一位出席亲王夫人命名日典礼的宾客注意到，海顿与那些地位显赫的王公贵族们平起平坐、共同用餐，而他的乐队则在旁演奏筵席音乐。要知道在以前，海顿只是被视作一名级别较高的仆从，远远谈不上平等。甚至餐后的祝酒辞也有献给年迈的海顿。海顿与尼古拉斯二世的关系刚开始甚为恶劣，却越来越相得；亲王每年赠送海顿一批昂贵的葡萄酒，他的慷慨大方、对兢兢业业的乐队指挥发自内心地尊重、热爱，由此可见一斑。

1802 年 9 月底，海顿回到维也纳的家中，给德国吕根岛（位于北海之中）的一群音乐家回了一封热情洋溢的信：

收到你们的来信，深感受宠若惊。信中满是赞美之辞，还让我知道，在那么遥远的地方，我微不足道的成果居然为人所闻……这让我欢欣鼓舞！很多时候，当我在创作中碰到难以逾越的障碍，或者心力交瘁、难以为继的时候，总有一个声音在我脑海中响起："尘世间心满意足、幸福圆满者只是区区之众；普天之下，黯然销魂、悲愤抑郁之人，比比皆是；但你操劳的结果，或许有朝一日，能给含辛茹苦、劳形苦心的世人带来片刻的安宁与闲适。"正是这种动力，驱使我不断前行！正因如此，我蓦然回首，看到这么多年在音乐上我呕心沥血、殚精竭虑，只觉发自肺腑地心满意足。

1802年11月底，海顿完成了他最后一部器乐作品《匈牙利国家进行曲》(Hob.VIII:4)。几天后，他在写给以前的学生、伦敦期间的竞争对手普莱耶尔的信中感叹："我多么希望能年轻10岁，这样我还能（作曲）……或许——不管怎样——还有一丝希望……"

1802年12月，海顿坚持指挥了《创世纪》和《四季》的慈善演出，从此以后，这位70岁老人的作曲家与乐队指挥的生涯宣告结束。1803年3月29日，戈特弗里德·范·斯韦顿男爵去世，两人彻底无法合作关于最后审判的清唱剧了。而且就算能找到合适的剧本，海顿也不大可能有体力精力完成谱曲。他刚刚写信给弟弟米夏埃尔，抱怨"持续的神经衰弱"已困扰他5个月之久。

多少年来，他习惯了与欧洲各国的无数位出版商们讨价还价、洽谈业务；现如今，他宁愿选择完全信任布赖特科普夫与黑特尔公司，由他们来分期出版海顿全集。在写给这家莱比锡出版社的信中，海顿的悲叹让读者恻然怜之：

> 我的脑力心智大不如前，创作的愿望和冲动仿佛也随之消减。上帝啊！哪怕我还是那个年富力强的我，在这门辉煌的艺术中，也还有许多事情有待完成！

1803 年 5 月 10 日，维也纳市政府颁给海顿一块“12 褶的金质荣誉市民奖章”，感谢他多年对慈善事业不遗余力的支持。他带着一贯的谦逊，风度翩翩地回答：“我会珍惜这份荣誉……在我剩下的每一天，直到上帝觉得该把我带走。”在这个时候，他意识到自己已经无力完成手头上的几件作品；而一名英国使馆的文书注意到，海顿“最想要的无过于安静、闲适地打发无多的时日”。1803 年夏天，他来到艾森施塔特；他应该不大可能被要求指挥任何演出了，但仍然行使一些管理职责，可能还为艾什泰哈齐亲王夫人的命名日典礼修改了老的《圣母悼歌》。1803 年 12 月 26 日，他指挥了一场慈善音乐会，演出了《临终七言》等作品；这也是他最后一次公开表演。

退休之后，海顿深居简出，很少离开寓所。格里辛格在 1804 年初来拜访海顿，发现他对潮湿天气感伤不已，并透露自己只要工作半个小时就头晕脑胀。海顿还开诚布公地谈及贝多芬的傲慢无礼（两位作曲家的关系之所以破裂，好像与贝多芬的任性、嫉妒和负义有很大关系）。1804 年 4 月 1 日，维也纳政府授予海顿荣誉市民权。伦敦的朋友也没有忘记这位 72 岁的退休老人。1804 年 4 月 12 日，海顿收到萨洛蒙的来信，并附上伯尼代收的《创世纪》曲谱销售所得。

大约在这前后，海顿应该已经把艾什泰哈齐宫廷的所有事务移交给乐队副指挥富克斯以及新上任的乐队首席[①]约翰·尼波默克·胡梅尔。胡梅尔师从莫扎特，靠自己努力，成为一名相当成功、受人敬重的作曲家。这么多年来第一次，海顿不用奔赴艾森施塔特。1804 年 9 月 28 日，胡梅尔邀请他到艾森施塔特指挥《创世纪》的演出，海顿婉言拒绝。1804 年 11 月 10 日，《维也纳日报》宣布，艾什泰哈齐宫廷前任乐队指挥格雷戈尔·维尔纳的 6 首赋格曲出版，由海顿从维尔纳的清唱剧改编而来。在他的生命即将走到终点之时，出版这样一套体裁格外古旧的作品，或许是海顿个人情感的一种表达。让海顿觉得好笑的是，报纸上出现了他的讣告，还引得凯鲁比尼创作了一部葬礼康塔塔，并在巴黎组织演出。海顿打趣地回应："我要是知道有这么一个仪式，定然会亲自前往，指挥这部追思弥撒！"

为了庆祝他 73 岁的寿辰，举办了一场音乐会，弗朗茨·札奇·莫扎特献上个人首秀，但海顿却因身虚体弱无法出席。尽管如此，他还是强打精神，试着将自己的音乐曲谱收藏整理得井井有条。在忠心耿耿的抄谱员艾斯勒的协助下，海顿借这个机会，列出他作品的完整目录，并最终命名为"我大约能忆起的从 18 岁到 73 岁所作的全部作品的目录"。1805 年 8 月，目录完成，并抄录一份送到布赖特科普夫与黑特尔公司。

① 乐队首席：即交响乐队中的首席小提琴手兼助理指挥。——译注

海顿仍然坚持会客。来访的有传记作家格里辛格（他发现海顿“愈发虚弱”）、阿尔伯特·克利斯托夫·迪斯、凯鲁比尼（或许是来确认海顿依旧精神矍铄，他的葬礼康塔塔还得放上一段时间）、伦敦钢琴大师兼出版商穆齐奥·克莱门蒂和冉冉升起的作曲界新星卡尔·玛丽亚·冯·韦伯。普莱耶尔注意到海顿“总是在祷告的时候捻着念珠串来计数”，并提到他“看上去像是有80多岁了”。事实上，海顿这时候处在动脉硬化晚期的最初阶段。玛丽·赫尔米娜吉尔德·艾什泰哈齐亲王夫人几次亲临宫本多夫的寓所，探望海顿。有一次，她不得不带来一个坏消息：海顿的小弟弟约翰于1805年5月10日在艾森施塔特去世。

与此同时，欧洲大地上再次燃起拿破仑战争的硝烟。1805年11月13日，法军占领维也纳，皇室成员仓皇出逃。拿破仑将军营设在美泉宫，频频出席音乐会，但对年迈的海顿好像提不起兴趣。1805年12月26日，两国签署停战协议，法军撤离维也纳，时世暂归正常（只是通货膨胀得厉害，外加政局不稳）。1806年8月10日，海顿的另一个弟弟米夏埃尔在萨尔茨堡去世，海顿过了一段时间才得知噩耗，无疑更加重了他对世事无常的悲恸。然而也有让他顺心的事情，至少他再也不用担心经济上出什么问题，因为艾什泰哈齐亲王善解人意地每年额外多给他600盾。在亲王给海顿的信中，他提起是亲王夫人建议这么做的，好让海顿“衣食无忧、安享晚年”，并补充：“我乐意之至，下令立即执行，借此表达我对您的尊重和友谊。”

这时海顿已无法提笔写信了，只能口述一封言辞殷切的回信，尼古拉斯二世亲王的“额外开恩”：“亲王阁下心念老朽，慷慨解囊，让我感激涕零，难以言表。”

亲王对退休乐队指挥恩宠有加，还专门委托伊西多·努加斯为海顿绘制一幅肖像画。该画于1806年12月完成，画上的海顿手持《创世纪》曲谱。两三个月后，他从又一场疾病中康复，并和迪斯开玩笑说自己再度死里逃生，可玛丽·特蕾西亚女皇就没那么幸运：她和新生儿在1807年4月先后辞世。在此之前，医生将海顿的那架小钢琴从卧室移走，断了他弹奏、作曲的念头，实际上他也已力不从心。1807年9月3日，他告诉格里辛格：“难以相信，一个人居然能支离破碎得如此彻底……我的记忆荡然无存。有时候，我坐在钢琴旁，依然有灵感冒出来，但却没有能力重复它们，并把它们记录下来，真让我欲哭无泪。”

一名在1807年11月到宫本多夫探望海顿的访客提到，海顿双眼中依旧燃烧着火焰，依旧“谈笑风生、风度翩翩”。除夕之夜，他迎来一位特殊的客人，那就是莫扎特的遗孀康斯坦策，提到她已故丈夫的名字，就让海顿泣不成声。1808年3月，安东尼奥·波尔策地（据其母路易奇娅的说法，海顿当为其生父）与艾什泰哈齐宫廷乐队的乐师们联名致函海顿，言辞恳切，恭祝他命名日快乐。为庆祝他即将到来的76岁大寿，特劳特曼斯朵夫亲王出资，在1808年3月27日办了一场晚会，由萨列里指挥，用意大利语演出《创世纪》。海顿执意出席，告诉格里辛格他希望人们看到他尚能体面地接受这份荣耀。尼古拉斯二世亲王特意派出一辆自己的专用马车，载着海顿慢慢穿过市中心，观者人山人海，不得不出动警察来维持秩序。海顿抵达会场，洛布科维茨亲王、艾什泰哈齐亲王夫人、胡梅尔、萨列里和贝多芬等一行显贵名流出门迎接，而海顿坐在一张扶手椅上，伴着小号吹奏、鼓声阵阵，风风光光地被抬进音乐厅，厅内掌声雷动，众人齐呼"海顿万岁！"年迈的海顿觉得天凉，艾什泰哈齐夫人与其他贵妇们就将披肩解下，盖在他腿上。更让海顿感动的是，人们献上为他而作的诗歌，萨列里还亲自过来拥抱他。表演第一乐章时，泪水沿着海顿双颊往下流。但老人实在撑不住了，等"上天正诉说着神的荣耀"结束，就在全体观众起立鼓掌中离场。这也是海顿最后一次公开露面。

海顿已经足不出户，由忠心耿耿的助手艾斯勒和几个仆人照顾，也越来越念旧。每天都要在钢琴边弹奏《上帝保佑吾皇弗朗茨》若干次。所用的医疗费用越来越贵，艾什泰哈齐亲王为退休的乐队指挥全部负担。1809 年 2 月 7 日，海顿最后一次修改遗嘱。他的资产达到大约 55,000 盾，但两个弟弟均已辞世，使得遗嘱必须修改。在他 77 岁寿辰后不久，奥地利贸然再次向法国宣战。1809 年 4 月 9 日，维也纳人开始筹备城防，防御拿破仑的进攻。拿破仑战争卷土重来，让海顿心烦意乱，本来就不好的身体更是急剧恶化。1809 年 5 月 11 日到 5 月 12 日，维也纳守军与法国军队互相炮击，海顿在宫本多夫的小宅子不幸碰巧位于火力交叉的地方。这个被许多访客描绘成世外桃源的地方，不再宁静（甚至有一颗炮弹落到院子里，爆炸的冲击波把卧室的门都震开了，对海顿原本就虚弱的神经雪上加霜）。1809 年 5 月 13 日，维也纳宣布投降。拿破仑想起伟大的海顿已经风烛残年，特令一队荣誉护卫驻扎在海顿家，保障其安全。

1809 年 5 月 24 日，海顿接见了最后一位客人。一名法国轻骑兵部队的军官来向作曲家致敬，两人热烈讨论了《创世纪》，甚为投机。法国军官用意大利语演唱了男高音咏叹调“带着尊严”，饱含情绪，让海顿感叹是最让他发自内心欢欣的一次演唱。法国军官告辞，骑马去追赶他的部队。这位军官的名姓已不可考，很可能没从那场战争中幸免。

根据艾斯勒的描述，1809 年 5 月 26 日，海顿最后一次弹奏了“皇帝四重奏”，并且“声情并茂……让我们的老爹自己都觉得诧异”。当天下午 5 点钟，他感觉不适，靠人搀扶才躺到床上，整个人瑟瑟发抖，还抱怨头痛。尽管那天晚上睡得比平时安稳，但第二天早晨他已虚弱得无法起床。在给格里辛格的信里，艾斯勒提道：

麻木的感觉更加严重，他几乎没有什么反应，出乎所有人的意料；我们的老爹不再抱怨任何疼痛……该用的药剂全都用上了……慢慢地，老爹气息渐无。

1809 年 5 月 31 日，午夜 12 点 40 分许，海顿“安静、平和地”离开尘世。由于处在战争时期，只能一切从简，第二天下午 5 点便在宫本多夫当地的公墓下葬（尼古拉斯的遗骨如今被安置在艾森施塔特的贝尔格教堂的陵

海顿在维也纳的住宅

墓中，是尼古拉斯·艾什泰哈齐二世亲王1820年所建）。送葬者不多，其中一人评论，“送葬行列中居然没有一个维也纳的乐队指挥”，但这毕竟是非常时期。尽管时世艰难，还是在宫本多夫演出了一场米夏埃尔·海顿所作的追思弥撒。1809年6月15日，安排了一场更为得体的仪式。在维也纳的苏格兰教堂，由音乐艺术家社团演奏了一首庄严弥撒，以及莫扎特的安魂曲。出席的有法国官员和军队高官，以及维也纳的达官贵族。这样隆重的葬仪才恰如其分地体现了海顿老爹在整个欧洲所享有的声誉。

海顿的音乐超越了政治的分歧、语言的障碍和文化的差异，直到今天依旧如此。他在世期间就已名满天下，死后声望更是长盛不衰，属于最早几位能做到这一点的伟大作曲家。尽管在19世纪人们的欣赏品位改变(随着时间流转，这种情况持续发生)，他的音乐在批评家、作者、音乐家眼中渐渐不再重要，但海顿却一如既往地受到人们的敬仰——哪怕是在他的音乐被人曲解或者低估的时代，人们更喜欢关注莫扎特戏剧性的洞察力和贝多芬创新的激情。然而，在20世纪后半叶，海顿的宗教音乐、歌剧和不太知名的交响乐重新引起极大关注。就在本书创作过程中，海顿的音乐肯定已传播得更广更远(主要通过唱片)，而他的成就也得到更多的尊重与仰慕，超过之前任何一个时期。一些被忽视的作品，包括诸多上低音维奥尔琴三重奏，尽管很少演出，但也会被录音保存。如今再回味海顿于1790年对莫扎特说的这句话，他的远见卓识显而易见："全世界都能听懂我的语言！"

# 作品分类

## 交响曲

古典交响曲并非海顿的发明，却是在他的手中发展壮大成一门复杂完善的艺术形式。尽管在18世纪，有非常多的交响曲被归为海顿所作，但学界公认的数字是106部。海顿认为自己的第一部严格意义上的交响曲是1757年前后为莫尔岑伯爵所作的《D大调第一交响曲》，而在艾什泰哈齐家族最早的代表作则是1761年所作的第6—8交响曲（“早晨”、“中午”和“夜”）。从18世纪60年代末到18世纪70年代初，海顿的创作越来越明晰地呈现出一种喜好趋势，这种风格就是文学运动中的“狂飙突进”，通过暴风骤雨般的快速乐章、热闹非凡的弦乐织体和突然动感的戏剧转折，营造出相当的张力。然而，在这些所谓的“狂飙突进”交响曲中，例如第26（“哀伤”），第45（“告别”）和第49（“受难”），均包含风格迥异的优雅悠长的乐章。18世纪70年代末，海顿基本已经摆脱了“狂飙突进”风格，而着力于在交响曲中实现浮华高贵与淘气诙谐的感觉。与那个时代受欢迎的作曲家一样，他得发展这种能力，写一些迎合大众口味的作品，并能将高明的技巧融入其中，而且让一般的观众，在初次聆听时，丝毫不会觉得难懂。

海顿在18世纪80年代初所作的交响曲体现出巧妙的平衡：在令人心动的华丽风格和“狂飙突进”作品中貌似不羁的激情背后更为深刻的戏剧本质之间的平衡。在1784年到1785年间，海顿得到6部交响曲的委托，尤其是巴黎方面的邀约，让他能够拓宽其交响曲的领域。巴黎奥林匹克分会音乐厅组织的管弦乐队似乎只允许共济会成员加入；他们穿着天蓝色的精美制服，外套上还饰有褶皱花边，与艾什泰哈齐宫穿着朴实的乐师们不同，这些手头阔绰的巴黎演奏者们还会佩剑参加音乐会。但这些法国乐手显然并非纨绔子弟、泛泛之辈，从海顿为他们创作乐谱的难度可以看出，他们都有极高的音乐素养。通过这一组六部作品，海顿也探索了交响曲形式和表达手段的各种可能。他的慢板乐章形式各异、引人注目(如在第82交响曲中的小快板的双重变奏，第83交响曲中加长奏鸣曲形式的行板，第84交响曲中$\frac{6}{8}$拍的行板变奏，第85交响曲中法国民歌《温柔年轻的里瑟托》的变奏，题为“随想曲”的第86交响曲的广板，还有第87交响曲中以木管乐器为特色的悠美慢板)；他的快速乐章气势磅礴、富于表现力；再加上他超人一等的天赋，将辉煌、机智、创新、典雅和精致入微的细节糅合在一起，海顿给听众们呈现了前所未有的管弦乐体验。或许他意识到奥林匹克分会音乐厅管弦乐队庞大的演出阵容所带来的听觉冲击；如果是这样的话，他还非常精明地留了一个后手，让这6部交响曲大多(第82和第86

除外，需加入小号和鼓）都只需长笛、双簧管、低音管、圆号和弦乐器等基本器乐阵容，以适合未来在巴黎之外由普通规模的音乐团体来表演。

海顿晚期的12部“伦敦”交响曲基本分三个阶段完成：第93到第98交响曲是1791年至1792年间为在汉诺威广场音乐厅的萨洛蒙音乐会所作；第99至第101交响曲是为萨洛蒙的1794年度季节音乐会所作；第102至第104交响曲是为1795年在国王剧院音乐厅的联合音乐会所作。在这12部交响曲中，海顿充满魅力与活力的音乐达到一个新的巅峰：优美动人的旋律与戏剧氛围、盛大效应及丰富的管弦配乐完美融为一体；在18世纪90年代初期的伦敦管弦乐队中，长笛、单簧管（在第99至第101，第103，和第104交响曲中均有使用）、小号和鼓的组合是相当常见的，而海顿充分利用这个机会来发掘新的乐器组合能带来的种种音乐织体的可能性。其结果必然是，让18世纪的听众们感受到成千上万、别具一格的音符，令他们耳目一新。

在这些交响曲中，有些不循规蹈矩、大胆追求新奇（例如第94交响曲，“惊愕”）；有些则蕴含着巧妙的匠心独具。作曲家煞费苦心地打造一系列交响曲，展现出他的多才多艺和多元化的表现方式，并努力确保每一部作品都带有显著的标签，使其与众不同。就像在第93交响曲如歌的广板部分对低音管幽默的使用；第95交响曲小步舞曲中抒情的大提琴独奏；第97交响曲的慢板中标明“近马弓”的部分（要求演奏者在弦乐乐器靠近琴马处拉弓）；第98交响曲终章尾声的一小段强音钢琴独奏;第 99 交响曲慢板中悠美的木管吹奏;第 100 交响曲小快板中的土耳其风格的"军队"打击鼓乐;第 101 交响曲行板里"嘀嗒、嘀嗒"的时钟节拍。总之,海顿的作品将技法创新实验和满足普通听众审美结合起来,在这一点上是无与伦比的。

## 协奏曲

海顿写过为数众多的协奏曲,特别是在 18 世纪 60 年代,但这种音乐类型绝不是他创作的重点。海顿早期键盘协奏曲中的独奏部分可能是由他本人在管风琴上完成,除此之外,他没有担当过协奏曲的独奏(莫扎特与贝多芬则不同,他俩均以在各自的协奏曲中出任独奏而著称,并且会特别设置展现高超技艺的环节)。在 18 世纪中叶的维也纳,协奏曲比不上交响曲流行,可能是海顿从事创作领域中发展最缓慢的一个。海顿早期的协奏曲基本遵循传统的快—慢—快的乐章编排,这是几十年前,意大利的维瓦尔第和塔蒂尼发展起来的,有四个管弦乐队的齐奏乐段,中间穿插三段器乐独奏,展示精湛技巧和音乐表现力。此外,无论是与 20 年后,莫扎特为维也纳所写的加长版协奏曲相比,还是与世纪之交贝多芬的作品相比,海顿的协奏曲通常都要短上很多。

然而,随着奏鸣曲式乐章在协奏曲里的运用,加强了独奏器乐的作用。海顿创新地使用这种方式,为艾什泰哈齐宫廷乐团的独奏者创作了一些气势恢宏、优美动听的作品(如《C 大调大提琴协奏曲》,Hob.VIIb:1,被公认是当时最精美的协奏曲之一)。海顿晚年很少创作协奏曲,因为基本没有演奏的场合。一个例外就是1796年的《降E大调小号协奏曲》(Hob.VIIe:1)。与早期精致典雅、结构传统的协奏曲相比,这部小号协奏曲是为较大规模的管弦乐队所写,以独奏者和伴奏之间不断增多的互动为特点。该曲是海顿最后一部重要的管弦作品,也是他在协奏曲领域的代表作。

## 键盘乐

### 早期键盘乐作品

海顿的键盘乐独奏作品大多在两到四个乐章之间。在1771年之前,他将这些作品称作“嬉游曲”或者“古组曲”;在1771年他第一次使用了“奏鸣曲”这一术语。与莫扎特和贝多芬的键盘乐作品相比,海顿的主题材料并非总是特点鲜明、容易识别,尽管我们基本可以肯定如今存世的早期键盘乐作品大多都是为教授学生之用而写。海顿作为键盘乐作曲家(同时也是演奏者)的最大的优势在于他组织、变化材料的想象力和独一无二的机智。这些特征在他刚开始作曲生涯时就已经展现无遗:在他早期的键盘乐变奏组曲中能看得到;在三重奏中也看得到(三重奏中键盘乐器与另外两种乐器搭配,通常是小提琴和大提琴;它们要么是精确重复开始声部的卡农式模仿,要么是键盘乐器占支配地位,其他乐器提供和声伴奏)。18世纪60年代末,海顿的键盘乐创作发展出一种更复杂的特点,体现更大程度的自由,并挖掘力度变换、音调、声响的各种可能。在这种变化之前,他接触到卡尔·菲利普·埃马努埃尔·巴赫的键盘乐奏鸣曲,并深受其影响。应该就是C.P.E.巴赫的“普鲁士”奏鸣曲,1742年出版,献给雇主腓特烈大帝。海顿回忆道:

当我坐在我的古钢琴前,尽管它有些年头、被虫蛀得千疮百孔,就算大雪都漏进屋子、落在我的床单上,我也觉得比国王还要富足、幸福……就在这段时间里,机缘巧合,我得到埃马努埃尔·巴赫的6部奏鸣曲。它们让我废寝忘食,直到把它们全部掌握,我才离开我的钢琴。从此,我无数次弹奏这些曲子,沉醉其中、怡然自得,尤其是当我压力如山、灰心沮丧的时候。

等维也纳能找到C.P.E.巴赫的作曲理论书籍的时候,海顿立刻拿来研习。他曾这样向巴赫致谢:

任何熟悉我音乐的人都能听出来,我欠这位伟大作曲家多少债;也能看出来,我彻彻底底、孜孜不倦地研究过他的音乐,对他了如指掌。

## 巅峰期钢琴作品

在18世纪70年代,羽管键琴逐步被钢琴所取代,海顿也随之创作了大量的奏鸣曲。他的7部“表现”奏鸣曲(约1765—1771年)结构复杂,情感充沛,或许就是受到C.P.E.巴赫的影响。值得注意的是,此后海顿成熟期的钢琴奏鸣曲和独奏作品都有意避免繁复的结构和浮夸的风格。他更喜欢三个乐章的“华丽风格”奏鸣曲,这样既能吸引贵族太太们、满足经济的需求,又能体现音乐价值、为专业人士所用。海顿那么多奏鸣曲不可能都是给自己用的;他肯定将自己的钢琴奏鸣曲视作一种商品,出价高者得之。从1780年起,他向整个欧洲的出版商们推销这类作品。在他创作生涯最后20年间,钢琴奏鸣曲的数量下降,但仍继续探索如何运用钢琴音调,越来越深入,并与主题材料处理紧密结合。

## 弦乐四重奏

18世纪之前,由一件乐器担任一个声部的器乐演奏已经有很长的历史,通常是复调的教堂音乐(例如从都铎时期一直到巴洛克作曲家珀塞尔时代,英国的古提琴音乐),由四件弦乐器,展开复奏,并与合唱歌手(SATB,意为女高音、女低音、男高音、男低音)配合。在18世纪中叶,室内器乐曲通常用于进餐时的室内娱乐(如“宴席音乐”)或者户外的小夜曲演奏。然而,弦乐四重奏演变成精致复杂的音乐形式,并最终登上大雅之堂,海顿起到了决定性作用。到18世纪末,弦乐四重奏代表室内音乐最高艺术水平的地位,已为人们广泛认可,尽管它仍属于小规模私人表演性质:海顿生活的年代,找不到任何关于弦乐四重奏在维也纳公开演出的记录。歌德曾经说过“一部优秀的四重奏就像聆听四位睿智人物之间的交谈”,而这种四个声部明确的平等关系,在海顿68部原创的四重奏中比比皆是。它们通常是3首或者6首一组出版，更容易让人混淆的是，欧洲不同地方的出版商会使用各异的作品编号。

和海顿的教堂音乐一样，他的弦乐四重奏创作贯穿他的整个生涯。最早的作品可以追溯到18世纪50年代末（Op.1和Op.2），它们虽然篇幅不大，却都精雕细琢，是为他的资助人费恩贝格男爵的夏日户外聚会准备的。可以肯定，它们的风格延续了巴洛克时期室内协奏曲的传统（特点是键盘乐通奏低音，四个弦乐声部的密集对位）。18世纪60年代，海顿室内乐创作主要围绕尼古拉斯亲王对上低音维奥尔琴的巨大需求。大约在1769年，他终于重拾弦乐四重奏创作，精力充沛且创意无限。给侯爵写上低音维奥尔琴三重奏，相对而言受到乐器自身的诸多局限，这有可能反而刺激了他自由创作的欲望，来探索两把小提琴、中提琴和大提琴这个组合的威力，以及如何让它们既独立互动，又形成一个有机的整体。Op.9（约1769年）与早期“小夜曲”样式的四重奏相比，已经向前迈了一大步。海顿经过深思熟虑，安排四件乐器，整体音调严肃，若干阴沉的小调乐章中充满大胆的和声组合，形成一种全新的四乐章结构。Op.17（1771年）是如今存世的最早带有海顿亲笔签名的，反映了弦乐四重奏发展的趋势：作为一种结构复杂的音乐表达，需要听众全神贯注，尤其是在热情洋溢、趣味盎然的终章部分。Op.20（1772年）通常被视为海顿第一部成熟期四重奏，除了No.2，No.5，No.6的赋格曲性质的终章外，还把更加高雅的音乐风格引入四重奏范畴。

随后近10年里，海顿忙于艾什泰哈齐宫的歌剧活动，无暇创作弦乐四重奏。他下一部弦乐四重奏要到1781年才问世(Op.33,他称其用“全新且特别的方式写成”)。此后,海顿在弦乐四重奏方面的创作更加有规律。从1787年到1790年,他写了四组(Op.50、54、55和64),将听众的喜好、接受与否(包括再现欢快的民间舞蹈)和技术复杂性完美结合。他熟练地运用音乐手法,达到新奇的效果,而且常充满幽默。海顿还经常通过突然的变调、奇特的沉默或出人意料的乐句转换来使听众惊讶愕然。Op.71和Op.74(每组三曲)1793年创作于维也纳,是为海顿第二次伦敦之行的公开演出准备的。Op.76(1796—1797年所写,1799年出版)被查尔斯·伯尼誉为“充满创新、激情、品位格调与全新效果之作”。他最后的Op.77只包含两曲四重奏(1799年完成,1802年出版),因为海顿年事已高,加上清唱剧《四季》耗尽了他绝大部分精力。然而,正如研究海顿的学者大卫·韦恩·琼斯所说,该曲“丝毫听不出疲惫倦怠”。今天我们称海顿为“交响乐之父”,可能尚有人提出质疑,但在弦乐四重奏领域,他是当之无愧的引路人,将弦乐四重奏提升成一门高雅音乐艺术。

## 歌 剧

在艾什泰哈齐宫，随着海顿职责范围的扩大，他成为18世纪晚期最活跃的歌剧作家之一。尽管他笔耕不辍、技艺精通,但他的歌剧从未在当时歌剧活动的中心赢得一席之地,不论是在巴黎、那不勒斯、威尼斯、米兰、伦敦，还是在维也纳。他早期的维也纳歌唱剧(德意志歌剧，没有宣叙调只有对白)没有流传下来；他为艾什泰哈齐宫创作的最早一批歌剧中有几部是在木偶剧院上演的；在当时也没有留下什么记录，但依照推测，其综合价值比较高。

尽管格鲁克和卡尔扎比基其意大利风格“改良”歌剧《奥菲欧与尤丽狄茜》及《阿尔西斯特》风靡一时，但在18世纪60年代的维也纳，最受欢迎的还是法国歌剧。然而尼古拉斯亲王却与众不同，他喜好意大利歌剧。海顿从未去过意大利，但作为一名声乐作曲家，他不可避免地要受到意大利风格的影响。我们知道，他推崇加卢皮、波尔波拉、哈瑟和格鲁克(虽然并非个个是土生土长的意大利人，但都是意大利作曲原则的坚定拥护者)。在尼古拉斯亲王特制的歌剧院里，当时所有主要歌剧作家的作品提供给海顿挑选，他再加以改编，指导彩排，并最终指挥演出。除此之外，从1760年以前到1784年，他还创作并演出了十几部完整的意大利歌剧。这些作品涵盖了不同门类，从节日剧(庆祝节日上演的正剧，一般篇幅较短)，如《阿契得》(1763年1月首演)，到幕间表演短剧，如《爱唱歌的人》(1766年)。但最多的还是喜歌剧，到了18世纪70年代，这种剧逐步取代正歌剧，成为整个欧洲最重要的歌剧形式。在海顿的歌剧中，首先考虑的从来都是如何展示麾下歌手们的音乐技巧(当然，还有他自己的天赋才华)。他的咏叹调，通常采用“从头开始”或者奏鸣曲式，侧重于展现歌手花腔高音的娴熟技艺，伴奏部分的设计也注意体现管弦乐队乐师们的品位和能力。

后来有批评家据此指责海顿的歌剧缺乏戏剧性，这多少有些冤枉他，毕竟在 18 世纪，这种重音乐轻戏剧现象是相当普遍的，欧洲各地的观众也并不认为这有什么不妥。《不贞受骗》(1773 年)的咏叹调和合唱部分都很长，这进一步说明海顿的第一要务是给观众带来音乐的享受。

从戏剧的角度来看，海顿在艾什泰哈齐宫所写的歌剧好像较为随意，速度偏缓，但若将其成熟阶段的歌剧作品也视为“缺乏戏剧性”，则是有失公允的。它们可能不像莫扎特在 18 世纪 80 年代后期的喜剧那样具备扣人心弦的张力，毕竟莫扎特有著名词作家达·蓬特为其操刀剧本，但不可忽视的是，在海顿歌剧作品诞生的这十年间，莫扎特的歌剧艺术还没有达到至善至臻的境界。对于 18 世纪 70 年代和 18 世纪 80 年代初的音乐戏剧审美来说，情节向前发展的冲力完全是一个陌生的概念；享受其中的音乐比故事要多久讲完重要得多。仅仅是海顿在音乐方面无限的想象力，就让他的歌剧值得研究，更不要说他的戏剧人物刻画也可圈可点。他描绘人物时常常略带一丝嘲讽（比如 1782 年的歌剧《勇士奥兰多》将喜剧和正剧糅合在一起，剧中人物很少有表里如一的)，他还擅长运用咏叹调来折射人物内心情绪变化，丝毫不逊色于其他同侪。到了 18 世纪 80 年代，尼古拉斯亲王对正歌剧的兴趣与日俱增，虽然这个剧种在其他地方已经渐渐失宠。针对这种情况，海顿推出鸿篇巨制《阿尔米达》(1784 年)；遗憾的是，这部独树一帜、风格多变的作品是他在艾什泰哈齐宫的最后一部歌剧。

今天海顿并没有被视作一位杰出的歌剧作家，主要的原因可能和他在世时一样：他的音乐剧非常注重针对具体的歌手和演奏者来量身打造、专门设计，反而限制了其歌剧的广泛传播。更重要的是，他根本就没有机会，站到代表欧洲歌剧最高水平的舞台上，去证明自己的实力。一言概之，海顿之所以没成为著名歌剧作家，纯粹是运气不佳；另外一点，也有道理：莫扎特的歌剧，从《费加罗》开始，均超越了它们所处的时代和社会环境。

## 宗教音乐

海顿接受正规的音乐训练是从教堂唱诗班开始的，而他最开始作曲也集中在宗教音乐领域。从这个角度来说，他与西方古典主义历史上的那些作曲家前辈，不管是罗马天主教的还是新教的，遵循着共同的传统。海顿谱曲的拉丁文经文都是在反宗教改革运动中由特伦托会议（1545 年到 1563 年）确定为天主教礼拜仪式的一部分的。他的宗教音乐作品大概可以分为三个阶段。第一个阶段从 18 世纪 40 年代末到 18 世纪 50 年代中期。在他担任莫尔岑伯爵乐队指挥那几年，停止了此类作品创作。第二阶段从 1766 年到 1772 年。1761 年海顿被聘为艾什泰哈齐宫廷乐队副指挥，并于 1766 年升任第一乐队指挥。从 1766 年开始，海顿定期创作教堂音乐，直到 1772 年。当时尼古拉斯亲王疯狂地喜爱上歌剧，艾什泰哈齐宫的音乐生活导向也随之改变。他的最后一个也是最为辉煌的阶段从 1796 年到 1802 年，包括为艾森施塔特创作的 6 部弥撒曲，还有一部《感恩赞》。

海顿在宗教音乐方面最初的尝试是篇幅不大的弥撒曲。最早的一部代表作是《E 大调圣母颂》(Hob.XXIIIb:1)。这首旋律优美、打动人心的经文歌写于 1756 年，可能是为他的心上人特蕾丝·凯勒的受戒仪式所作。它具有典型的意大利风格，独唱女高音展示花腔高音，配有两把小提琴和通奏低音(包括管风琴)。一个小规模合唱带来简单却有效的同音乐章。从 1766 年到 1772 年，他在艾森施塔特基本每年都会创作一部代表性的宗教作品。1767 年的《圣母悼歌》既在宗教仪式上使用，也在世俗音乐会上演出，是海顿有生之年表演次数最多、流传最广的一部作品。它共有 13 篇诗行，来自中世纪僧侣对圣母玛利亚在耶稣受难十字架前悲伤的沉默冥思。作为圣斯蒂芬大教堂童声合唱团的一员，海顿应该比较熟悉帕莱斯特里耶和佩尔戈莱西那震撼人心的版本。该曲通篇以小调音符与缓慢节奏为主，避免声乐和管弦乐表现出太多的悲伤或者哀悼。

海顿的 14 部弥撒曲中，大多都是欢快明亮、洋溢着乐观情绪，让人陶醉其中的，其中的原因恰恰相反：轻快、流动的曲速，欢乐怡人的大调、音色丰富的管弦效果(如木管乐器、铜管乐器，或管风琴独奏的抒情使用)结合在一起，给听众美的享受。此外，海顿始终展现了他对严格的对位合唱赋格写作、反复咏叹调、现代交响乐管弦配乐和戏剧时机的了如指掌、运用自如。他为艾森施塔特所作的一些弥撒曲都属于大型作品，里面包含长篇的独唱乐章，宏大的合唱以及华丽的管弦伴奏。就像《管风琴大弥撒》(Hob.XXII:4)和《塞莱西斯光荣弥撒》(Hob.XXII:5,如今俗称《圣塞西利亚弥撒》)。此外,他也为小规模表演团体写一些私人用途的宗教音乐,例如婉约美妙的《小管风琴弥撒》(约作于 1775—1777 年,Hob.XXII:7)。

海顿最后 6 部弥撒共同的特点是交响乐手法的运用(大调木管乐器的婉转柔和,小调的粗暴汹涌,铜管乐器和鼓乐呈现出乐观、壮阔的人生)。类似于歌剧的独唱声乐片段给这些弥撒曲增添了个人情感的因素,例如在俗称《纳尔逊弥撒》(Hob. XXII:11)中,既有婉柔的"圣灵感孕"唱段,也有开篇"求怜经"独唱女高音的激情呼喊。海顿的宗教音乐通常都是扣人心弦、引人入胜又不失典雅,而且从来不会轻佻浅薄。实际上,他晚期的弥撒曲——如《纳尔逊弥撒》的"降福经"部分——包含一些阴郁、忧心忡忡的乐章,预示了政局动荡不安年代中的不确定性(还有祈求苦行赎罪,这对虔诚的作曲家和罗马教廷而言,同样重要)。最后 6 部伟大弥撒和激动人心的短篇《感恩赞》(1799—1800 年)让我们得以深入了解海顿的罗马天主教信仰。格里辛格曾将其界定为"不是阴郁、痛苦和折磨,而是喜悦、和解与妥协"。时至今日,我们在音乐会上表演海顿的宗教音乐,忽略了一个事实:在教堂仪式中,每个独立的乐章都应在教堂的不同位置去聆听。这不能不说是一大缺憾!

## 清唱剧

18 世纪 90 年代末,海顿已经通过宗教音乐和歌剧确立了自己在声乐领域的地位。在清唱剧方面,他却是典型的大器晚成。《托比亚返归》(1775 年首演,1784 年修订)虽然赢得满堂彩,但模仿了梅塔斯塔西奥的风格,缺乏独特性。在伦敦期间,聆听亨德尔的清唱剧据说唤起了他的想象力,但回到维也纳后在清唱剧上的初试莺啼并没有太多的说服力。他没有创作一部全新的作品,而是对《临终七言》的管弦乐奏鸣曲进行改编,加入了单簧管和长号,并增添了独唱与合唱的歌词。这样一个产物很快风靡维也纳,要得益于音乐艺术家乐团的定期循环演出,而且逐渐在整个欧洲取代了原先的管弦乐版本。研究者认为,音节合唱写法,还有缺乏有趣的对位细节,让这个清唱剧版本比起原作中沉思默祷的味道,要逊色不少。

随着《创世纪》在 1798 年首演,海顿终于迎来了机会,证明自己是一流的清唱剧作家。在第一和第二部分,大天使加布里埃利(女高音)、尤利尔(男高音)和拉斐尔(男低音)轮流演唱咏叹调,讲述《圣经·创世纪》中记载的六天创世的过程,还夹杂着约翰·弥尔顿《失乐园》中的一些观点:明暗之分;撒旦和其手下的惊恐万状;有了天气变幻、时节变迁;世界分出大洋和陆地;太阳、月亮和星辰的诞生;植物、动物和人被造出来。海顿用壮丽的音符描绘每一天的场景,借宣叙调、咏叹调和终章合唱的感恩赞美诗,勾勒出一幅文字的画面。在第三部分,亚当和夏娃歌唱他们在伊甸园里的幸福生活,他俩无忧无虑、相亲相爱。从这部作品中,我们能感受到海顿一辈子创作过的最大胆激进、惊世骇俗、惟妙惟肖、暴风骤雨和华丽灿烂(在合唱部分)的旋律。

《四季》(1801 年首演)刻意复制了《创世纪》写作的模式(由斯韦顿将英语诗歌编译成德文;3 名独唱、合唱和管弦乐队不变;用音乐来描绘风景画面),但在艺术成就上,略逊于《创世纪》。尽管它以四季变迁为背景,生动再现了乡间生活,在音乐上也有很多可取之处,但人们有充足的理由认为, 斯韦顿对詹姆士·汤姆森史诗蹩脚的改编大大拉低了作品的水准。

# 书中人物

**Artaria Family**

**阿尔塔利亚家族**:维也纳的艺术品交易商、地图制造商;1778 年,将业务拓展到印刷、销售音乐曲谱。从 1779 年起,该公司成为海顿合作的主要出版商,但 18 世纪 90 年代中期以后,海顿首选的出版商换成了布赖特科普夫与黑特尔公司。

**Bach, Carl Philipp Emanuel**

**卡尔·菲利普·埃马努埃尔·巴赫(1714—1788)**:约翰·塞巴斯蒂安·巴赫之子。是一位多产的作曲家,曾任普鲁士国王腓特烈大帝的羽管键琴师(1738—1768),后接替乔治·菲利普·泰勒曼担任汉堡城的音乐总监。C.P.E. 巴赫与海顿从未谋面,但他的音乐对海顿在 18 世纪 60 年代音乐风格成形具有重大影响。

**Beetholven, Ludwig van**

**路德维希·范·贝多芬(1770—1827)**:18 世纪 90 年代初,贝多芬在海顿的指导下学习作曲。18 世纪 90 年代末到 19 世纪初期，这两位伟大的作曲家在维也纳多有合作，关系有时甚为紧张，但对彼此的音乐才华还是惺惺相惜。

**Breitkopf & Härtel**

**布赖特科普夫与黑特尔公司**：在海顿生命的最后 10 年中，这家莱比锡公司是他最重要的音乐出版商。他们还在 1796 年创办了影响深远的期刊《通俗音乐报》。

**Burney, Charles**

**查尔斯·伯尼(1726—1814)**：英国音乐史学家、作曲家、教师。伯尼以他的《音乐简史》而闻名，在海顿英国之行中与其结下深厚友谊，后来为海顿的《创世纪》曲谱在英国的预售款收集不遗余力地提供了帮助。

**Dies, Albert Christoph**

**阿尔伯特·克利斯托夫·迪斯(1755—1822)**：维也纳皇家学院的风景画教授。他根据 1805 年 4 月 15 日到 1808 年 8 月 8 日之间对老年海顿的访谈，创作了海顿传记。

**Dittersdorf, Carl Ditters von**

**卡尔·迪特斯·冯·迪特斯多夫(1739—1799)**：多才多艺的天才作曲家、小提琴家，海顿的好友。曾经誉满欧洲，晚年生活窘迫，书桌上堆满乐谱无人问津，死于贫困。

**Elssler, Johann Florian**

**约翰·弗洛里安·艾斯勒(1769—1843)**:艾什泰哈齐宫廷乐队抄谱员之子，大约在1787年开始为海顿工作，其时他父亲约瑟夫过世5年。他成为海顿最倚重的抄谱员和得力助手,陪伴了海顿的第二次英格兰之旅,并在1805年协助编纂海顿作品目录。在海顿人生最后阶段,艾斯勒和妻子搬到宫本多夫与其同住,并得到了海顿遗嘱中数目最大的单笔遗赠。

**Esterházy family**

**艾什泰哈齐家族**:从1761年开始,直至他生命终结,海顿始终受雇于这个富可敌国、呼风唤雨的匈牙利家族(权力中心在艾森施塔特)。海顿共服务过4任艾什泰哈齐亲王:保罗·安东·艾什泰哈齐(1711—1762)于1761年聘请海顿担任乐队副指挥,但很快就辞世了。他的弟弟尼古拉斯一世亲王(1714—1790)在艾什泰哈齐修建一座华丽之宫,并对海顿慷慨捐助。尼古拉斯的儿子安东亲王（1738—1794）继任后，解散了几乎整个庞大的乐团(除了海顿、托马西尼等少数几人外),并废弃了艾什泰哈齐宫;他与海顿以诚相待,赏识并能体谅海顿(安东在位时间不长,而且海顿大部分时间都没有在岗,到英格兰发展)。海顿的最后一任雇主，尼古拉斯二世亲王(1765—1833)，生活骄奢淫逸，最初和他手下著名的乐队指挥关系恶劣。然而他的妻子玛丽·赫尔米娜吉尔德亲王夫人是海顿忠实的仰慕者和朋友，在她的调解下，尼古拉斯二世对这位年迈作曲家的态度慢慢软化。

**Forster, William**

**威廉·福斯特(1739—1808)**:伦敦音乐出版商、弦乐器制作者,18 世纪 80 年代,为海顿音乐在英格兰的传播做出了重要贡献。

**Genzinger, Maria Anna von**

**玛丽安娜·冯·根辛格(1750—1793)**:尼古拉斯·艾什泰哈齐一世亲王御用医师的妻子,是一位颇具天赋的业余音乐家。在她生命的最后 4 年中,与海顿结下了深厚的友谊。两人之间的关系有点像柏拉图式的精神恋爱,但肯定也有暧昧之处。

**Griesinger, Georg August**

**格奥尔格·奥古斯特·格里辛格(1769—1845)**:德国外交家、记者,从 1799 年结识海顿,两人的深厚友谊持续到海顿去世。他负责代表布赖特科普夫与黑特尔公司与海顿洽谈出版事宜,并于 1810 年出版了海顿的传记。

**Hasse, Johann Adolf**

**约翰·阿道夫·哈塞(1699—1783)**:出生于德国的作曲家,在 18 世纪中叶,是全欧洲最有影响的歌剧作曲家。18 世纪 60 年代,他的作品在维也纳尤其流行。海顿曾将自己的《圣母悼歌》抄录一份献给哈塞,哈塞阅后预言海顿将成为"这个时代最伟大的作曲家之一"。

**Haydn, Johann Evangelist**

**约翰·福音传播者·海顿(1743—1805):**约瑟夫·海顿的小弟弟,一生大部分时间都在艾森施塔特为艾什泰哈齐宫廷服务,担任教堂唱诗班男高音。

**Haydn, (Johann) Michael**

**约翰·米夏埃尔·海顿(1737—1806):**海顿的弟弟,两兄弟有相似的教育经历,都曾在维也纳圣斯蒂芬大教堂的唱诗班接受罗伊特指导,后来从耶稣会获得一流的教育。米夏埃尔也是一名杰出的作曲家,尤以出色的教堂音乐著称。他大半辈子在萨尔茨堡供职,所得到的荣誉和薪水,都远远没有体现他的能力与成就。19世纪初期,艾什泰哈齐亲王邀请他出任艾森施塔特的乐队副指挥,出于某种原因,他婉拒了。

**Hummel, Johann Nepomuk**

**约翰·尼波默克·胡梅尔(1778—1837):**才华横溢的作曲家、钢琴家,师从莫扎特。在海顿晚年,担任艾森施塔特的乐队首席,为艾什泰哈齐宫廷创作了若干高质量弥撒曲。

**Keller, Maria Anna Aloysia Aollonia**

**玛丽亚·安娜·阿洛伊西娅·欧罗妮娅·凯勒(1729—1800):**1760年嫁给海顿为妻,直至逝世。其实,海顿最先爱上的是她的妹妹特蕾丝(她们的父母坚持让她替双亲还愿,去当修女)。玛丽亚·安娜无法生育,他们40年的婚姻并不幸福，双方都多次出轨。

**Metastasio, Pietro**

**彼得罗·梅塔斯塔西奥 (1698—1782)**：维也纳的宫廷诗人，著名的词作家，从亨德尔开始，一直到莫扎特，18 世纪每一位主要的歌剧作曲家都为他的剧本谱过曲。18 世纪 50 年代，海顿刚刚开始自由音乐家生涯，作为近邻，梅塔斯塔西奥给海顿颇多帮助。

**Mozart, Wolfgang Amadeus**

**沃尔夫冈·阿马德乌斯·莫扎特(1756—1791)**：虽说莫扎特与海顿应该早就通过各自的音乐作品知道对方（加上莫扎特在萨尔茨堡，与海顿弟弟米夏埃尔的交情），但他们直到 1784 年才真正成为密友。在其他音乐家和资助人面前，海顿从来不吝赞美之词，向他们赞扬、举荐莫扎特，1791 年 12 月，得知莫扎特英年早逝的噩耗，海顿悲痛欲绝。

**Pleyel, Ignaz**

**伊格纳茨·普莱耶尔(1757—1831)**：继贝多芬之后，海顿最成功的学生。普莱耶尔是一位杰出的小提琴家，也是一位颇受欢迎的作曲家，1792 年伦敦音乐节期间，他尴尬地发现，自己莫名其妙被人带进了与自己老师的竞争之中。两人始终亦师亦友。后来普莱耶尔定居巴黎，致力于音乐出版事业。

**Polzelli, Luigia**

**路易奇娅·波尔策地（1750—1831）**：一名才艺平平的女高音，1779年受雇于艾什泰哈齐歌剧团，直到1790年歌剧团解散，她是海顿的情人。她的两个儿子，彼得罗和安东尼奥，都由海顿亲自教导，并助他们事业起步。据路易奇娅所说，安东尼奥是海顿的亲生儿子；但海顿从来都是避而不谈，却频频给路易奇娅寄钱，并在他的余生与她保持着联系，甚至在两人关系明显不会有结果的情况下也是如此。

**Porpora, Nicola**

**尼古拉·波尔波拉（1686—1768）**：赫赫有名的歌剧作曲家、歌唱教师，曾培养出著名的阉人歌手法里内利，并于18世纪30年代中期，在伦敦与亨德尔的歌剧团竞争。梅塔斯塔西奥和他是朋友，将海顿介绍给他认识。波尔波拉在维也纳期间，海顿担当他的贴身男仆及键盘乐伴奏，据说他从年迈的大师这里受益匪浅。

**Reutter, Georg**

**格奥尔格·罗伊特（1708—1772）**：维也纳圣斯蒂芬大教堂乐队指挥，教堂音乐作曲家，海顿的老师。罗伊特师从安东尼奥·卡尔达拉，与约翰·约瑟夫·福克斯共过事，是一位科班出身的音乐家，虽然海顿在他的唱诗班没有接受太多的正规训练，但这段音乐影响和经历，对海顿音乐发展是极其重要的。

**Salomon, Johann Peter**

**约翰·彼得·萨洛蒙(1745—1815)**:出生于德国的小提琴家,他在柏林结识了 C.P.E.巴赫,在波恩遇见过孩提时代的贝多芬。萨洛蒙活跃于伦敦的音乐圈,1790 年尼古拉斯·艾什泰哈齐一世亲王逝世后,他第一个抓住机会,将海顿请到英格兰。作为系列音乐会的组织者,萨洛蒙可谓既有得、又有失,但从他与海顿友谊的层面来说,其收获是无穷的:所有 12 部“伦敦”交响曲和若干弦乐四重奏都是为萨洛蒙所作,他还为海顿提供了《创世纪》最原始剧本的手稿。

**Schroeter, Rebecca**

**蕾贝卡·史洛特 (1751—1826)**: 作曲家约翰·萨缪尔·史洛特的遗孀, 于 1786 年定居伦敦。海顿到英格兰不久,两人便成了亲密朋友,而且极有可能发展成情人关系。后来海顿向迪斯透露,当时他要是单身,就会娶了蕾贝卡,但在海顿的第一次伦敦之行以后,两人再没有往来书信流传下来(海顿第二次到伦敦时,两人住得很近,根本没必要写信)。

**Swieten, (Baron) Gottfried van**

**戈特弗里德·范·斯韦顿男爵(1733—1803)**:斯韦顿出生于尼德兰的莱顿,其父是大名鼎鼎的医生格哈德·范·斯韦顿。1745 年,他父亲被玛丽亚·特蕾西亚女皇任命为御用医师,举家迁往维也纳。斯韦顿年轻时,在维也纳、布鲁塞尔和巴黎都是小有名气的业余音乐家(有 2 部喜歌剧、至少7部交响曲存世),并逐步成为维也纳音乐圈中响当当的人物。1773年他委托C.P.E.巴赫创作6部弦乐交响曲。而斯韦顿对亨德尔和J.S.巴赫的激情,极大影响了莫扎特创造晚期的音乐风格,斯韦顿还是海顿两部伟大清唱剧《创世纪》和《四季》的剧本作者。此外,贝多芬的第一交响曲、福克尔所著的巴赫传,都是题献给斯韦顿的。

**Tomasini, Luigi**

**路易吉·托马西尼(1741—1808)**:大约从1752年到1753年起,受聘于艾什泰哈齐宫廷,最早为保罗·安东亲王的男侍,后由亲王资助,先前往威尼斯学习小提琴演奏(1759年),后在萨尔茨堡师从利奥波德·莫扎特(1760年)。1761年,海顿受聘,几乎同一时间,托马西尼正式被列入宫廷乐队薪金名册,身份是小提琴手,很快就被提拔为首席小提琴手兼助理指挥。

**Werner, Gregor Joseph**

**格雷戈尔·约瑟夫·维尔纳(1693—1766)**:1728年被任命为艾什泰哈齐宫廷乐队指挥,后由海顿接位。他在位期间,兢兢业业,创作了20多部清唱剧,艾森施塔特教堂音乐的质量和演奏水准也得到提高。在1760年前后,因年老体衰,长期因病卧床,维尔纳与他的乐队副指挥海顿鲜有音乐交流,甚至对海顿心生怨恨。

# 术语表

**Adagio 慢板(柔板)**

速度缓慢。

**Allegro 快板**

快速的,但并不急促。

**Andante 行板**

优雅地,适中的速度进行。

**Aria 咏叹调**

独唱,通常是康塔塔、歌剧或清唱剧的组成部分,但海顿创作过一些独立的“音乐会咏叹调”和自成一体的歌剧咏叹调(如“贝伦尼切啊,你在干什么?”)。

**Bass 低音**

合唱或乐器合奏中音阶最低的声部,也指独唱的低音声部。

**Cadenza　华彩乐段**

相对较短的一段即兴发挥的独奏，通常预示着协奏曲乐章或者歌剧咏叹调接近尾声，有时带有炫耀演奏者精湛技艺的目的。在海顿晚期的声乐作品中，他并不喜欢装饰法，让独唱者有太多华彩段。

**Cantata 康塔塔**

包含几个乐章的声乐作品，通常由管弦乐队伴奏。它比清唱剧要短，演出阵容规模不见得小。不是只有为宗教仪式所作的音乐才能叫康塔塔，海顿为尼古拉斯·艾什泰哈齐一世亲王就写过若干“世俗”康塔塔。其中《阿里阿德涅在纳克索斯》是一首罕见的仅由钢琴伴奏的康塔塔。

**Capelle 乐团**

“礼拜堂”，也用来指艾什泰哈齐宫廷的音乐机构。

**Concerto 协奏曲**

用于独奏乐器和管弦乐队的作品，通常是三个乐章（快—慢—快）。

**Continuo 通奏低音**

在 18 世纪音乐中，用羽管键琴（后来改为强音钢琴）来给管弦乐队齐奏或者声乐提供一段半即兴的伴奏。表演者会先阅读曲谱上写出的低音部分，然后凭借自己的和声经验，填补音乐织体中间部分的空白。这在宣叙调中尤其重要。在海顿的歌剧和清唱剧中,由键盘乐和大提琴独奏组成的通奏低音部分,会给简短的宣叙调伴奏。

**Counterpoint 对位法**

让“横向”的各条旋律线相互和谐不冲突,而不是让一条“纵向”的旋律线由若干条“垂直”的和弦结构辅助。

**Fantasia 幻想曲**

形式灵活、通常为即兴之作,并非严格遵循既定的结构。

**Feld-harmonie 吹奏乐队**

艾什泰哈齐宫廷的木管和铜管乐队。

**Finale 终曲**

“最后一个乐章”的通用术语。

**Forte/Fortissimo 强音**

响亮;非常响亮。

**Fortepiano 钢琴**

海顿那个时代最早的钢琴雏形,这种乐器比现代大钢琴体积要小,声音要轻一些。

**Fugue 赋格**

有若干个重合部分(声乐或器乐)的模仿性音乐作品。

**Harmony 和声**

若干个乐音同时发响，构成和弦；或者指对位的旋律(参阅“对位法”)交织,产生和弦。

**Harpsichord 羽管键琴**

一种键盘乐器,它的弦是拨的而不是敲的。在 18 世纪后半叶,这种乐器渐渐不再流行,被强音钢琴取代。

**Kapellmeister 乐长**

“教堂音乐团体的指导或指挥”的意思,这一敬称用来指奥地利和德国音乐机构的负责人,来源于意大利语称号 maestro di cappella(即“合唱大师”)。乐队指挥应对贵族家庭和教会机构音乐活动的方方面面负总责。

**Mass 弥撒曲**

罗马天主教在礼拜日圣餐仪式上所用的礼拜经文。在特殊宴会或者庆典场合，拉丁文文本常被谱上音乐。在 18 世纪,一首完整的“庄严”弥撒通常分为 5 个部分:慈悲经、荣耀经、信经、圣哉经—降福经和羔羊经;而较短的弥撒(“小弥撒曲”)则只包括前 2 个部分。

**Minuet 小步舞曲**

一种源自法国的民间舞蹈，是华尔兹舞的原型,被视为一种高雅、优美的音乐形式。

**Obbligato 助奏**

额外附加的一件独奏乐器或者一组独奏乐器，起到衬托背景、渲染气氛的作用，并在谱上标明“必须的”。海顿《小管风琴弥撒》中的管风琴独奏就属于这种情况。

**Opera buffa 喜歌剧**

一种意大利流派的“喜剧”歌剧，是18世纪晚期最主要的歌剧形式；莫扎特及其他一些作曲家喜欢用更加模糊、文学味更浓的“悲剧喜歌剧”来指称这类歌剧。海顿大部分歌剧都属于这个类别。

**Opera seria 正歌剧**

“严肃”歌剧，比喜歌剧格调要高，更多时候是悲剧情节或者关于英雄事迹。海顿没写过几部正歌剧。这并不取决于他个人的品位，而是折射了艾什泰哈齐家族对娱乐类型的偏好。

**Oratorio 清唱剧**

一般是给宗教文本配上加长的合唱及管弦乐队，用戏剧化和半歌剧化的方式呈现。尽管这种音乐形式发源于意大利，但亨德尔另辟蹊径，开拓了独特的英语清唱剧风格，并对海顿产生极大影响，促使他晚年创作出《创世纪》和《四季》。

**Piano/pianissimo 弱音**

轻声的，非常轻。

**Pizzicato 拨奏**

拨动弦来演奏。

**Recitative 宣叙调**

康塔塔、歌剧和清唱剧中的一小段，由一个声部（或者若干个轮流）叙说，以推动情节的发展。宣叙调用来引入随后的咏叹调、二重唱、合奏或者合唱。其节奏由字词本身来控制。宣叙调分为两种：一种是简单（“单纯的”）宣叙调，只有键盘乐和大提琴伴奏（参阅“通奏低音”）；另一种是“有伴奏宣叙调”，作曲家会安排一段精致的管弦乐伴奏，营造特殊的戏剧效果或渲染背景（《创世纪》中大多数宣叙调都是这种情况）。

**Sonata 奏鸣曲**

一种篇幅不长的音乐作品（用于器乐独奏，有时也供小型乐队演奏），通常由三个对比乐章构成。一般情况下，第一乐章应该采用“奏鸣曲式”（见下一词条），第二乐章则要舒缓，最后以回旋曲式收尾或者类似的终章结束。有些奏鸣曲还会在第二乐章后面额外增加一个乐章，比如插入一段“小步舞曲”。

**Sonata form 奏鸣曲式**

18 世纪后半叶最为常用的器乐音乐曲式。“奏鸣曲式”乐章分为 3 个部分:1.呈示部(介绍主题或主部主题、副部主题);2.展开部(发展主题,添加新旋律);3.再现部(呈示部的重现,但形式更为精美、大胆,主部、副部均以主调结束)。

**Soprano 女高音**

音域最高的独唱或合唱声部。在 18 世纪的歌剧中,高声部往往由阉人歌手担任,但海顿在艾什泰哈齐宫的喜歌剧一般都只要求“自然音域的”女高音。

**String Quartet 弦乐四重奏**

两把小提琴、中提琴和大提琴的奏鸣曲,通常有四个乐章。也用来指演奏弦乐四重奏的器乐组合。

**Symphony 交响曲**

用于管弦乐队表演的奏鸣曲,通常有四个乐章。

**Tempo 速度**

音乐的速率。

**Tenor 男高音**

在合唱织体中第二低的男性声音,海顿歌剧中往往用来扮演情人或英雄人物的独唱部分。在 18 世纪,该词还用来指中提琴。

**Variations 变奏曲**

在一个乐章中，一个较短的主题经过一系列装饰性重复,偶尔还会进行更为剧烈的变形。这是 18 世纪末键盘乐独奏中的常见形式。

# CD 曲目注释

## CD1

**1.《D 大调第六交响曲》(“早晨”)。第一乐章:慢板—快板**

海顿许多深受欢迎的交响曲都有别名,而第六(“早晨”)、第七(“中午”)和第八(“夜”)交响曲的绰号都是货真价实的。这一组标题音乐交响曲描绘了一天中的不同时段,是由保罗·安东·艾什泰哈齐亲王给海顿出的题目(亲王收藏了众多意大利巴洛克风格的作品,包括维瓦尔第的《四季》)。海顿的三部交响曲体现了这种传统的意大利巴洛克风格。由两把独奏小提琴和一个大提琴编组,而不是全体乐队,从而形成对比;这与半个世纪之前,作曲家们在大协奏曲里所采用的对比相似。“早晨”以一段的慵懒倦怠的慢板开始,并不长,只有 8 个小节,先是一段单旋律,展开成全体齐奏,或许是唤起日出的场景[40 年后在他的《创世纪》中,使用了相似的手法来刻画群星诞生的一瞬,堪称全曲最精彩的部分(参见 CD2,第 11 曲)]。接下来是一段热情洋溢的快板,由长笛展开主题,再加入双簧管,最后是全体齐奏。低音管和圆号也给织体增添了音色变化。

**2. 《C 大调第七交响曲》(“中午”)。第四乐章:终曲:快板**

该曲以两把主奏小提琴为主体，生动活泼地描绘了一个下午的画面。这三部交响曲都有一个共同的特点，就是为艾什泰哈齐宫廷乐队的音乐大师提供大量自我展示的机会,尤其是首席小提琴手路易吉·托马西尼(海顿有可能担任第二独奏小提琴手)。在第七交响曲的终乐章,一段长笛独奏作为铺垫,引出更为华彩的技艺展示乐章。这是海顿存世的主要作品中创作时间最早的作品之一,从中明显可以看出他机智幽默的风格、外向的创造性已经完全成形。

**3.《G 大调第八交响曲》(“夜”)。第四乐章:如暴风雨般:急板**

“夜”刻画的并不是一个宁静的夜晚,而是一场高朋满座、歌舞升平、金碧辉煌的晚宴。这里海顿引入热情欢快的手法,定下终乐章的基调:如暴风雨般。这个急板乐章以一段激昂的小提琴独奏起始，十几秒后加入其他几把小提琴;然后加上两把定调圆号,再加上两支双簧管。很快乐队全体齐奏,一段长笛独奏生动地营造闪电的感觉,接着海顿带给我们一个恰如其分、惊心动魄的尾奏。

**4—5.《G 大调钢琴奏鸣曲》(Hob.XVI:6)**

**第三乐章:慢板**

**第四乐章:终乐章:极速的快板**

海顿在 18 世纪 50 年代末到 18 世纪 60 年代初所写的键盘音乐都是在羽管键琴上演奏的。一些小型奏鸣曲和变奏曲直到今天还被钢琴初学者用作基本练习曲。学者米歇尔·菲利安撰文指出：海顿在这一时期的大型键盘乐独奏奏鸣曲是“为羽管键琴量身打造,洋溢着顽强的生命力与表现的宽度”。在海顿漫长的作曲生涯中,这种古老的拨弦乐器逐渐被新发明的钢琴取代,钢琴用琴槌来击打琴弦，带来更具活力和灵活度的音域和音色。这首键盘奏鸣曲创作于 1760 年前后,而它的曲谱手稿是已知的海顿键盘乐中年代最久远的。这段优美的慢板,模仿巴赫的旋律,内含一段重复的轻柔和弦,营造一种悲伤的氛围。这个慢板乐章感情细腻,而明快的终曲夹着电闪火石般的快速曲调,两者形成鲜明对比。

**6.《C 大调第一大提琴协奏曲》(Hob.VIIb:1)。第一乐章:中板**

艾什泰哈齐宫廷乐团拥有若干极其出色的音乐家,他们能承担难度颇大的协奏曲独奏部分。海顿这首炫丽的抒情作品是为大提琴手约瑟夫·威格尔量身订做的。第一乐章中庄严的 C 大调中板呈现出欢快的“隆巴尔”节奏的特点，同时让威格尔的高超技艺得到充分展示。海顿的这部作品不仅仅是让威格尔炫耀技巧,而且是具有旋律美和典雅美的如诗陈述。乐章临近终曲一段无伴奏独奏华彩乐段是由卢多维特·坎塔演奏的现代创意曲。但毫无疑问,当年海顿也期望威格尔在此处来一段无伴奏花式演奏。这部协奏曲是海顿年轻时期成就最高的代表作之一,但在他有生之年并未发表,直到 1962 年在布拉格被重新发现。

**7. 《f 小调第 49 交响曲》(“受难”)。第四乐章:终曲:急板**

1768 年为艾什泰哈齐宫廷乐团所作(当时可能还在艾森施塔特)。海顿选用了不常见的 f 小调,以及“教堂奏鸣曲”的传统巴洛克形式:四个乐章,分别是慢—快—慢(小步舞曲)—快。终曲部分,由大提琴和低音提琴奏出的颤音不断重复,让人心跳加快。这在他 18 世纪 60 年代末到 18 世纪 70 年代初所作的“狂飙突进”风格系列交响曲中,是一次最为成功的尝试,传递了越来越紧张的情绪和暴风骤雨般的情感。该曲的绰号“受难”应该是由一名莱比锡的法律学生所起,他在手抄谱上留下了这个名字。

**8. 《D 大调上低音维奥尔琴三重奏》(Hob.XI:11)。第三乐章:终曲:急板**

该曲是为两把小提琴和一个大提琴所写,但海顿将低音部分换作上低音维奥尔琴。这种乐器不太常见,它的指板上装有音柱,压着 7 根羊肠弦,就像古大提琴(古提琴家族的一员,在 18 世纪 60 年代已属过时)。但在指板背面,还有钢弦,会随着被琴弓拉动的羊肠弦共振,或者也可以用左手拨动。这一小段急板创作于1772年之前,3件乐器之间充满了巧妙的配合与活跃的互动。人们可以想象,托马西尼与海顿演奏小提琴部分,而上低音维奥尔琴不是尼古拉斯·艾什泰哈齐亲王亲自上阵(他是一位颇有天赋的业余音乐家,上低音维奥尔琴的狂热爱好者),就是由他所聘请的专业上低音维奥尔琴演奏者安德烈埃·利德尔担纲。

**9.《升f小调第45交响曲》(“告别”)。第四乐章:急板—慢板**

海顿和手下的乐师们并不都赞成在尼古拉斯亲王偏僻遥远的新宫殿艾什泰哈齐度过一年大半的时间。1772年,原定的短期“消暑”变成了足足10个月的常驻,乐师们都急不可耐地想回到艾森施塔特。海顿通过创作这部交响曲,巧妙委婉地向亲王传递手下众人的诉求。该曲另辟蹊径地采用了升f小调,并在第一乐章中包括一些具有非同寻常冲击力的节拍,随即以一种格外感人、严肃的方式,转换成和谐音。终曲开篇是一段暴风骤雨般的急板,经过一小段暂停后,转换成慢板(交响曲几乎没有以慢板结束的,但只有这样与众不同,才能引起亲王的关注)。先是第一双簧管,再是第二圆号,完成各自的独奏后,先后退场(并吹灭面前谱台上的蜡烛)。接着低音管吹奏者来一小段独奏,然后退场。第二双簧管和第一圆号再重复这一模式,甚至连低音提琴在退场前,都得到一小段独奏的机会。最终只剩下两把小提琴(海顿和托马西尼),他们以一些非常柔和的断音音符结束,吹灭面前的蜡烛,然后退场。

### 10.《不贞受骗》。第二幕,终曲:“在1700年”

海顿的这部喜歌剧由马可·科尔泰利尼提供剧本,讲述了一个骗人者如何被人欺骗的故事(或者用更加文学性的表述,是一个“不忠”的情人如何“受骗”)。故事发生在乡间,原本两对青年男女(维斯皮娜与南乔,桑德里娜与纳尼)相亲相爱,但桑德里娜的父亲斐理伯(Filippo)将这一切搅得天翻地覆,因为他希望自己的女儿嫁给南乔(他居然同意了)。南乔的朝三暮四让维斯皮娜怒火中烧,机智的她决心回击,她先是散播传言,说南乔对一位少女始乱终弃,成功地让他蒙羞。在歌剧的最后一章,桑德里娜要和一个叫里帕弗拉塔的亲王(自然是个子虚乌有的人物:这个所谓的亲王只是维斯皮娜之前假扮的三个人物之一, 斐理伯还寄希望此人能给他大笔财富)签署结婚协议,维斯皮娜假扮成公证人出场。南乔和纳尼也都作为证人在协议上签字 (只有纳尼晓得内情);随后,维斯皮娜现出真身,并分别引用之前三个伪装人物的话(还包括一个干瘪的丑老太婆和一个醉醺醺的德国女仆),让他们恍然大悟,并得意洋洋地告诉焦头烂额的斐理伯和三心二意的南乔,他俩的诡计落空了。最终这两对恋人之间还是和解了,重归于好,并以一场集体婚礼的欢庆结束。海顿使用快速乐章来呈现维斯皮娜的运筹帷幄,并给整个歌剧一个丰富多彩的终曲。

### 11.《托比亚返归》。第二部分，合唱："消失的时间"

《托比亚返归》的剧本是由乔瓦尼·加斯托内·博凯里尼（他的兄弟是著名作曲家，其家族在维也纳音乐圈赫赫有名）所作。故事取材于经外书《多比传》，老头多比双目失明，后又奇迹般地重见光明。当时的报纸将剧中的三段大合唱与亨德尔的音乐相媲美；虽然在18世纪70年代初，海顿对亨德尔的音乐应该知之甚少，但他肯定受到卡尔达拉、波尔波拉和哈塞的影响，而这些名家的作品也是伟大的英语清唱剧作家亨德尔异常熟悉的。在这段合唱"消失的时间"中，先是刺耳的圆号为特征的一段暴风骤雨般的管弦乐序曲，随后是一段高昂激亢、感情充沛的合唱。这个唱段是1784年音乐艺术家社团重演该剧时增加的，是海顿清唱剧中最激动人心的部分之一。

### 12.《D大调第70交响曲》。第四乐章：热情的快板

海顿在18世纪70年代末期所作的交响曲，由于处于所谓的"狂飙运动"时期与为巴黎和伦敦作恢宏交响曲阶段之间，常常被忽视，这是不公平的。这段时期作品的一个代表就是《D大调第70交响曲》，是一部庆典作品，为1779年12月18日艾什泰哈齐歌剧院重建的奠基仪式所作。整曲奢华辉煌，使用了长笛、双簧管、低音管、圆号、小号、定音鼓和弦乐器；但在终乐章，却出人意料地使用了小调赋格，显得肃穆、深奥。它突出的特点在于反复使用五音列音型。值得注意的是，海顿将这种结构定为一部大调交响曲的高潮部分，而且还是为庆典仪式准备的。H.C.罗宾斯·兰登认为，d小调开场旨在描绘吞

噬歌剧院的熊熊火焰，而最终的 D 大调收尾则象征着“谱写本曲所纪念的喜庆事件”。

**13.《圣约翰弥撒》(“小管风琴弥撒”)。降福经**

这是海顿最私人化的短弥撒曲之一，大约创作于 1777 年冬，献给慈善兄弟教团在艾森施塔特的小礼拜堂。曲谱中只设置了两把小提琴、四个声部(女高音、女低音、男高音和男低音)和通奏低音，极有可能海顿将阵容局限在 8 到 9 名演出者(视大提琴部分是否由低音提琴兼顾而异)。在美妙的降福经里，有一段女高音独唱，并且有管风琴伴奏(海顿可能亲自参与演奏)，偶尔有小提琴和低音弦乐的修饰部分。由于《小管风琴弥撒》对音乐资源要求不高，大多教堂的音乐机构都有能力上演，因此在海顿那个年代就成为他流传最广的作品之一。

**14.《g 小调第 83 交响曲》(“母鸡”)。第四乐章：活板**

这部“巴黎”交响曲虽然用 g 小调(往往用于非常庄重肃穆的情绪表达，在海顿的教堂音乐中尤为常见)开场，却是海顿最具有节庆欢快和悦耳动听的讽刺性管弦作品之一。在 19 世纪该曲得名“母鸡”，因为在第一乐章中反复、大量使用了类似母鸡咯咯声的四音列主题。最后一个乐章是一段 $\frac{12}{8}$ 拍的欢快舞曲，貌似漫不经心，实则带有明显的海顿恶作剧风格。H.C.罗宾斯·兰登指出，这部小调交响曲采用这种幽默的终曲，是要故意与庄严的“狂飙运动”写法撇清关系，那是海顿十多年前用的技法了。该曲很好地诠释了海顿是如何与听众开玩笑的（在一段长笛独奏之后，听众觉得，按照常理，应该是乐队齐奏了，然而，就像在轻快的节奏之后突然步履蹒跚，海顿出人意料地使用一系列转调）。他的音乐总是充满了天马行空的创意和鬼斧神工的技巧。

**15. 《D 大调弦乐四重奏》（“青蛙”），Op.50，No.6（Hob.HIII:49）。第三乐章：小步舞曲：小快板**

海顿不仅在交响曲上大胆创新，而且还常被视作“弦乐四重奏之父”。W.D.萨克利夫曾指出，在其他音乐类别中，外部环境对作曲家的各种限制，弦乐四重奏“只有寥寥几个：如 18 世纪管弦乐队的多样化构成；让键盘奏鸣曲及三重奏能迎合广大音乐爱好者的喜好、适合他们演奏的需要；或者宗教音乐创作中名目繁多、各种各样的限制”。作为献给普鲁士弗里德里希·威廉二世皇帝的私人音乐，海顿的 Op.50 是面向真正有鉴赏能力的音乐行家，属于严肃艺术音乐。第六首四重奏大胆创新、半音丰富，被公认为是整组作品中最深沉华丽、最具挑战性的。该曲共有四个乐章，第三乐章是海顿最富魅力的小步舞曲，是类似舞蹈的三拍子节奏。在主调之后，通过第一小提琴的“逆置附点”节拍，海顿精湛演绎了变音转调，同时对主调处理的手法千变万化，让人捉摸不定。直到小步舞曲快结束时，才有一个短暂的主题重现。

## CD2

### 1.《降 E 大调钢琴奏鸣曲》(Hob.XVI:49)。第二乐章:如歌的慢板

这个标明“如歌的”的钢琴奏鸣曲乐章,缓慢悠长,格外优美。该乐章精妙与忧郁的对称,表明海顿着力探索情感的领域,这种特质在莫扎特忧愁伤感音乐中特别明显。该奏鸣曲是献给亲王尼古拉斯·艾什泰哈齐一世的管家安娜·德·叶尔里斯切克的,但实际上是为海顿的朋友玛丽安娜·冯·根辛格所作。从曲谱难度来看,根辛格定然是一位技艺、品位出众的钢琴大家。但有一小节,需要演奏者左右手交叉,显然也给根辛格太太出了一个难题。海顿有可能专门为她重写了这个乐章,或者借一次去维也纳的机会,亲自辅导她如何演奏。

### 2.《奥菲欧与尤丽狄茜》(《哲学家的灵魂》)。第三幕,第三场:“在你幸运的胸膛”

这是海顿最后一部、也是最为悲惨的歌剧,是他 1791 年为伦敦所作的第一件有分量的作品。该剧取材于希腊神话,讲述擅长音乐的奥菲欧将自己死去的妻子尤丽狄茜从阴间救回来的故事。但是海顿的有生之年未能见到该剧上演(1951 年在佛罗伦萨首演)。第三幕开始时,奥菲欧在尤丽狄茜坟前恸哭,随后他来到冥府的入口,找到附近山洞里居住的一个精灵。精灵被他的痴情打动,答应领他进入亡灵的世界,并鼓励他将亡妻的灵

魂带回到人间。“在你幸运的胸膛”是整部歌剧中最恢宏嘹亮的英雄咏叹调，管弦配乐大胆（小号、圆号与乐鼓配合得天衣无缝），歌手（极有可能是阉人歌手多雷利）大段的高难度花腔高音，令人惊叹。精灵向奥菲欧允诺：“只要你用坚持和勇敢武装你的心，你幸运的胸膛就将紧抱所爱的人”。

**3.《G大调第92交响曲》（“牛津”）。第二乐章：慢板**

该曲于1791年7月7日在牛津首演，第二天海顿获得这座小城里著名大学的博士头衔，这部交响曲到19世纪得到了“牛津”这个绰号。其创作年代为1789年（可能尚在艾什泰哈齐宫），来自一组有三部交响曲（第90—92）的委托。委托人是德国的奥廷根亲王和巴黎的音乐会发起人多尼伯爵（他们肯定是想借海顿六部“巴黎”交响曲名声鹊起之机，投资获利）。该曲毫无疑问代表了海顿最高的艺术成就。庞大的第二乐章以D大调徐徐开场，有一段感人肺腑的管乐独奏，尤为出彩；在转为小调的中段，海顿使用了较为喧闹的小号和鼓，与前半截形成鲜明对比。尾曲类似狂想曲，对第一小节进行变调和装饰后，重新再现，而且更加强调木管乐器的情绪宣泄。可想而知，它在伦敦一露脸，当地报纸惊为天人，称海顿“掌控激情，已达随心所欲之境”。

**4.《G大调第94交响曲》（“惊愕”）。第二乐章：行板**

这部大名鼎鼎的交响曲是专门为伦敦所作，于1792年3月23日在汉诺威方屋首演。至于海顿为何要用一个突如其来的响亮和弦，打乱慢板乐章及其简单的主题,从而让他的听众们“惊愕”,个中缘由,众说纷纭、莫衷一是。有亲历者称,海顿指着乐谱,不无得意地说:“到这里,那些贵妇人们会跳起来的。”海顿的传记作家迪斯给出的解释是，有些观众在听海顿的音乐会时,在慢板乐章部分睡着了,于是海顿就想把他们从梦里惊醒。事情的真相可能就没那么多传奇色彩:海顿告诉格里辛格，他只是想尝试一些新东西，给听众新鲜感。可以肯定的是,海顿令人“惊愕”的强奏部分,是他在完成全曲后加进去的。该曲与其他“伦敦”交响曲一样,音乐中加入各种各样小的惊喜:主题的处理很见功力，使用精挑细选的管弦乐阵容，确保各种音色的伴奏,若干强烈反差的风格,还有一处从 C 大调直转到 c 小调。虽说它是海顿作品中人们最耳熟能详的(《四季》中西蒙的耕夫之歌就模仿此曲所作),其实你很难从海顿作品中找到很多这样的例子，能看到他在音乐上天马行空的想象力。

**5.《D 大调第 104 交响曲》(“伦敦”)。第四乐章:终曲:热情的**

这是海顿为萨洛蒙的伦敦音乐会所作的第 12 部交响曲，结果也成了他的封笔之作；此后，他受到各种诱惑，却坚持不再动笔。从他最开始为艾什泰哈齐宫廷乐团创作管弦乐开始，海顿在音乐语言的使用上，就敢为人先。在这个热情的终乐章里,我们可以察觉 63 岁的作曲家正将这锐意创新的火把传给贝多芬。比如说，乡间的懒汉、管弦乐勾勒的灿烂辉煌背景，以及耐心维系的戏剧性修辞特点，与贝多芬的《第六交响曲》（“田园”）有异曲同工之妙。据说，终乐章主调的灵感来自伦敦街头兜售鱼和蛋糕的叫卖声，其实它有可能改编自一首克罗地亚民歌，是海顿在艾什泰哈齐宫期间学会的。将如此平平淡淡的想法，变成最为波澜壮阔、华丽辉煌的高潮片段，就是海顿创作天赋的典型体现。

**6. 《降E大调小号协奏曲》（Hob.VIIe:1）。第三乐章：快板**

本曲作于1796年，其时海顿已从伦敦回到维也纳。它是写给安东·维丁格的，维丁格刚刚发明了一种带按键的新型小号，与传统小号不同，它能演奏半音旋律。从海顿的曲子可以看出，维丁格定是才华横溢，能够随机应变、且生动感人地处理复杂的乐段，而海顿本人也为这种新型小号带来的谱曲变化而着迷（它能奏出的每一个音符都在协奏曲中加以标明）。结果这成了海顿最后一部纯管弦乐作品，将维也纳古典风格的优雅和海顿在伦敦接触到的大规模管弦演奏的恢宏完满地融为一体，引人入胜。终乐章包含若干个为小号所写的复杂旋律乐段，自从巴洛克风格日渐势衰，巴赫与亨德尔（在他们的年代，都无法做到让小号演奏半音旋律）作品中的高音小号风光不再，人们已经很少听到这类演奏。当然，海顿通过号曲，也保留了人们所熟知的小号的特点。

**7.《弦乐四重奏》("皇帝"),Op.76,No.3(Hob. HIII:77)。第二乐章:稍慢板,如歌的**

在 19 世纪,英国人将此曲称作"皇帝四重奏",这一系列优雅、"如歌的"变奏来自海顿的《民歌》。《民歌》是海顿接受委托,为奥地利谱写的国歌,当时拿破仑战争的阴影笼罩着哈布斯堡帝国。Op.76 是海顿最后几部重要的器乐合集之一;在他晚年,身体每况愈下之时,他在钢琴上反复弹奏这个乐章。不知什么原因,第一次世界大战之后,这段悠扬、甜美、典雅的旋律被禁止用作奥地利的国歌,于是德国人采用了。今天德国国歌将这段主调演绎得慷慨激昂,与当年海顿所作已相去甚远。

**8.《危难时代弥撒》("纳尔逊弥撒"),(Hob.HXXII:11)。慈悲经**

海顿晚年为他的雇主艾什泰哈齐家族没写几部作品,但他最后 6 部伟大弥撒中有 5 部都是为玛丽·赫尔米娜吉尔德公爵夫人的命名日庆祝仪式(通常是 9 月初在艾森施塔特的贝尔格教堂进行)所作的。这个所谓"纳尔逊弥撒"开篇的慈悲经是乞求上帝怜悯那些悔过的祷告者,显得格外忧虑不安、迫切强烈。借助 d 小调阴郁的调性(由一段快速并凄凉下降的弦乐琶音定调),合唱令人紧张的怒吼、突然加入独唱女高音那热情的(甚至可以说狂暴的)飙音,与伤感的弦乐写法、嘹亮同奏的三支小号完美地交织在一起。这部海顿最富于表现力教堂音乐的震撼开场白肯定让艾什泰哈齐众贵族目瞪口呆(并且应该印象深刻)。其余部分同样精彩纷呈，尤其是降福经中一段激情四射的军号演奏。虽然这部作品的绰号叫“纳尔逊弥撒”，而且整曲透出忧虑不安的情绪，但它与拿破仑战争或者纳尔逊海军上将没有任何直接的联系。

**9—10.《四季》**

**秋天：宣叙调：“这儿是个密集的兔子窝”**

**秋天：合唱：“听，听那窸窸窣窣的声音”**

海顿的最后一部清唱剧将一年四季通过相关的自然意象和人类活动分别进行描绘。在“秋天”一章里，就刻画了来自各个社会阶层的猎人形象。通过一段有伴奏宣叙调，卢卡斯（男高音）描述了农民们设套抓野兔的场景（管弦乐模拟野兔东奔西逃的样子），当抓完野兔，在地上摆成几排清算数量时，宣叙调向和谐音发展。突然，贵族们打猎的号角声横空出世：高贵的捕猎者们正对一只雄鹿穷追不舍。合唱响起，欣喜地描绘山脉、溪谷和森林是如何回荡着猎狗、猎人与号角的声响。四支圆号吹响真正狩猎的号角声，海顿的听众中若有猎人定能分辨得出，中提琴和低音管模仿狂吠的猎犬，而奔放的弦乐则代表逃命的雄鹿。

**11—12.《创世纪》**

**第一部分，第 12 首："现在太阳正光芒四射地升起"（尤利尔演唱）**

**第一部分，第 13 首："上天正诉说着神的荣耀"（加布里埃利、尤利尔、拉斐尔演唱，合唱）**

这部清唱剧的第一和第二部分，用音乐的手法，再现了《圣经·创世纪》中记载的 6 天创世的过程。在第 4 日，上帝将白天与黑夜分开，让天空有了日月星辰。为了生动再现第一天早晨光芒四射的日出，海顿借用了在"早晨"交响曲（见 CD1，音轨 1）中相似的手法：一个声部（单簧管与小提琴齐奏）逐步展开，进入一段神秘、缓慢的和声，接着渐渐放大，转向和弦，随即管弦乐队全体齐奏（包括铜管乐器和定音鼓），来到高潮部分，和煦的阳光终于迸发出来。在这卓尔不凡的序曲之后，是天使尤利尔（男高音）的一段有伴奏宣叙调，他宣布太阳现在已完全释放它的光辉。在非常安静的第二乐段，尤利尔轻声描绘天穹之上皎洁的月光和无数星辰（通过管弦乐队的下弦奏法来刻画夜晚的寂静），与上一段构成鲜明反差。然后尤利尔引入一段"上帝之子"的合唱，众人欢欣鼓舞，因为太阳、月亮、星辰和日夜交替都证明了上帝的伟大（"上天正诉说着神的荣耀"）。合唱用天使加布里埃利（女高音）、尤利尔（男高音）和拉斐尔（男低音）的三重唱代替了全体合唱；在第二个三重唱戏剧性地结束后，合唱加快速度，进入一段激动人心的赋格（"和他亲手的杰作"），构成了这部清唱剧第一部分的高潮部分。

### 13.《创世纪》

#### 第三部分，第 30 首：“哦，慷慨的神，在你身旁是莫大的幸福”（夏娃和亚当演唱，合唱）

《创世纪》的第三部分也就是最后一个部分描绘了亚当和夏娃在伊甸园的生活，两人天真无邪、清白纯洁（还没有受到诱惑犯下罪行，从而被驱逐流放；但他俩的“沦落”已经在清唱剧结束的时候由尤利尔给出暗示）。剧情有力的节奏在这里放缓，但这一部分曲谱包含了海顿最超凡脱俗、感人肺腑的音乐。在亚当和夏娃的二重唱“在你身旁是莫大的幸福”中，先是一段婉柔的双簧管独奏，伴有轻快活泼的节奏说唱，这对刚创造出的夫妇赞美上帝所赐的广阔无边的美妙世界。一群天使合唱切分音副歌“永远祝福你的力量”，轻轻重复亚当和夏娃的抒情唱词。这段令人着迷的二重唱完成后，乐章还远远没有结束：海顿接着继续一段更加热闹的二重唱，配合欢快的全体大合唱以及管弦乐队全体齐奏。随着赞美的音乐愈加疯狂，海顿不忘趁机和听众开一个玩笑。主题素材已经展开充分，人们猜想终曲的高潮部分即将来临，就在这时，海顿的处理出人意料，却妙不可言。当人们发现这个乐章是单一结构的时候，才明白海顿是故意让乐章从亲切、随意的二重唱行进到精妙绝伦之处，气势排山倒海，音乐让人难以自已。